Mutters Sprüche – in jeder Generation gern gehört: «Solange du deine Füße unter meinen Tisch stellst», «Mund zu, sonst werden die Milchzähne sauer» und «Leichte Schläge auf den Hinterkopf erhöhen das Denkvermögen». Doch Eltern sind nicht immer leicht zu verstehen. Ralph Caspers, geübt im stilvollen Klugscheißen, findet heraus, was die Großen den Kleinen im Einzelfall sagen wollen, und schaut nach, welche Sprüche grober Unsinn und welche überraschend tragfähig sind.

Ralph Caspers studierte an der Kunsthochschule für Medien Köln. Er arbeitet seit 1999 für «Die Sendung mit der Maus» und ist sowohl Moderator als auch Autor der Sendung «Wissen macht Ah!». Bei Rowohlt erschien bereits sein Buch «Scheiße sagt man nicht!».

RALPH CASPERS
ICH HAB'S DIR JA GESAGT!

Mutters tollste Sprüche

Mit Illustrationen von Eva von Platen

Rowohlt Taschenbuch Verlag

Originalausgabe

Veröffentlicht im Rowohlt Taschenbuch Verlag,
Reinbek bei Hamburg, April 2009
Copyright © 2009 by Rowohlt Verlag GmbH,
Reinbek bei Hamburg
Redaktion Ana González y Fandiño
Umschlaggestaltung ZERO Werbeagentur, München
(Foto: Johannes Haas)
Satz Candida und Eurostile PostScript, InDesign
Gesamtherstellung CPI – Clausen & Bosse, Leck
Printed in Germany
ISBN 978 3 499 62482 7

**Alle in diesem Buch gemachten Angaben
sind von Herzen gut gemeint,
aber dennoch ohne Gewähr
und gänzlich unverbindlich.**

Inhalt

1 Ich hab's dir ja gesagt! **13**
2 Spinat macht stark. **17**
3 Spinatreste darf man nicht aufwärmen, sonst stirbt man. **20**
4 Viele Köche verderben den Brei. **21**
5 Kuchenteig und frisches Brot essen macht Bauchweh. **25**
6 Bonbons nicht zerbeißen, sonst gehen die Zähne kaputt. **28**
7 Trocken Brot macht Wangen rot. **30**
8 Du müsstest mal richtig Hunger leiden. **31**
9 Nach Cola kann man nicht einschlafen. **33**
10 Milch ist kein Getränk. **36**
11 Fett schwimmt oben. **40**
12 In der Not frisst der Teufel Fliegen. **45**
13 Mach den Mund zu, sonst kommen Fliegen rein. **47**
14 Mund zu, sonst werden die Milchzähne sauer. **49**
15 Man muss sitzen bleiben, bis alle aufgegessen haben. **52**
16 Du hast dir die Suppe selbst eingebrockt, dann musst du sie auch selbst auslöffeln. **54**
17 Voller Bauch studiert nicht gern. **56**
18 Da waren die Augen wieder größer als der Bauch. **58**
19 Das Grüne von Tomaten und Erdbeeren ist giftig. **62**
20 Beleidigte Leberwurst **65**
21 Kinder brauchen keine Vitamintabletten. **67**
22 Ein Apfel nach dem Essen erspart das Zähneputzen. **69**
23 Im Dunkeln lesen verdirbt die Augen. Und: Unter der Bettdecke lesen macht blind. **73**

24 Es macht so lange Spaß, bis einer ein Auge verliert. **77**
25 Vom Haarefärben kriegt man Krebs. **79**
26 Leichte Schläge auf den Hinterkopf erhöhen das Denkvermögen. **83**
27 Nie lernst du so leicht wie jetzt. **86**
28 Träume sind Schäume. **90**
29 Man bekommt Wasser aus dem Ohr, indem man auf einem Bein hopst. **91**
30 Eine Ohrfeige hat noch keinem geschadet. **93**
31 Kopfbälle machen dumm. **97**
32 Was man nicht im Kopf hat, hat man in den Beinen. **99**
33 Auf dem Fahrrad und beim Skaten muss man immer einen Helm tragen. **102**
34 Im Auto muss man sich immer anschnallen. **107**
35 Erst ab zwölf darf man im Auto vorne sitzen. **110**
36 Je öfter man sich die Haare schneidet, desto dichter wachsen sie nach. **113**
37 Keine Piercings, Tattoos und Ohrlöcher ohne Erlaubnis der Eltern **115**
38 Du fragst mir ja noch Löcher in den Bauch! **117**
39 Man zeigt nicht mit dem nackten Finger auf angezogene Leute. **119**
40 Es kommt auf die innere Schönheit an. **121**
41 Bescheidenheit ist eine Zier, doch weiter kommt man ohne ihr. **123**
42 Nimm die Hände aus den Taschen! **125**
43 Eine Hand wäscht die andere. **126**
44 Wer schreit, hat unrecht. **128**
45 Reden ist Silber, Schweigen ist Gold. **130**
46 Ich will/wir wollen doch nur dein Bestes. **133**
47 Bei Nasenbluten den Kopf nach hinten legen. **135**
48 Bei Verbrennungen hilft kaltes Wasser. **136**

49 Doof bleibt doof, da helfen keine Pillen. **139**
50 Lachen ist die beste Medizin. **142**
51 Gähnen ist ansteckend. **145**
52 Morgenstund hat Gold im Mund. **150**
53 Fitnesscenter sind nichts für Kinder. **153**
54 Wahrscheinlich bist du im Krankenhaus verwechselt worden. **155**
55 Pech im Spiel, Glück in der Liebe **159**
56 Geld liegt nicht auf der Straße und wächst auch nicht auf Bäumen. **162**
57 Wenn ich für jedes Heulen von dir einen Euro bekommen hätte, wäre ich schon Millionär. **164**
58 Solange du deine Füße unter meinen/unseren Tisch stellst … **167**
59 Geld allein macht nicht glücklich. **170**
60 Fressen und scheißen ist alles, was ihr könnt. **172**
61 Spare in der Zeit, dann hast du in der Not. **175**
62 Geben ist seliger denn Nehmen. **177**
63 Wer seine Eltern schlägt, dem wächst später die Hand aus dem Grab. **179**
64 Viel hilft viel. **181**
65 Mach doch, was du willst! **184**
66 Man muss auch verlieren können. **186**
67 Gerechtigkeit ist, wenn der eine teilt und der andere wählt. **188**
68 Ab zwölf ist man strafrechtlich verantwortlich für alles, was man tut. **191**
69 Was dich nicht umbringt, macht dich stärker. **193**
70 Versprechen darf man nicht brechen. **196**
71 Du darfst keine Geheimnisse vor mir haben. Und: Du musst immer die Wahrheit sagen. **199**
72 Wer im Glashaus sitzt, sollte nicht mit Steinen werfen. **202**

73 Wer den Schaden hat, braucht für den Spott nicht zu sorgen. **203**
74 Gebranntes Kind scheut das Feuer. **204**
75 Ein Sonnenbrand ist die beste Grundlage für eine gesunde Bräune. **205**
76 Bei Gewitter nicht baden oder duschen, sonst kommt der Blitz durch den Abfluss. **209**
77 Kleine Kinder können in der Toilette ertrinken. **212**
78 Langes Fädchen, faules Mädchen **214**
79 Kinder haben kein gesetzliches Recht auf Taschengeld. **215**
80 Wenn du denkst, es geht nichts mehr, kommt von irgendwo ein Lichtlein her. **218**
81 Was du heute kannst besorgen, das verschiebe nicht auf morgen. Und: Morgen, morgen, nur nicht heute, sagen alle faulen Leute. **221**
82 Kinder müssen mit dem Fahrrad immer auf dem Bürgersteig fahren. **224**
83 Eine Schwalbe macht noch keinen Sommer. **226**
84 Hunde, die bellen, beißen nicht. **229**
85 Den Letzten beißen die Hunde. **230**
86 **USA:** An apple a day keeps the doctor away. (Ein Apfel am Tag, und man muss nie zum Arzt.) **232**
87 **LUXEMBURG:** Deen als Kand Vullenester stielt, gëtt am Alter vun de Kueben gefriss. (Wer als Kind Vogelnester stiehlt, der wird im Alter von den Krähen gefressen.) **235**
88 **TSCHECHISCHE REPUBLIK:** Ranní ptáče dál doskáče. (Der Morgenvogel springt weiter.)
COSTA RICA: El que madruga, come pechuga. (Wer früh aufsteht, der isst Brustfleisch.) **237**
89 **JAMAIKA:** Hard a hearing Pickney dead a sun hot. (Kinder, die nicht hören, sterben in der Sonnenglut.) **240**

90 **MAKEDONIEN:** Дај му на будалиот стап да ти ја скрши главата. (Gib dem Verrückten einen Stock in die Hand, dann schlägt er dich auf den Schädel.) **242**

91 **SPANIEN:** A las diez en la cama estés. (Um zehn Uhr abends solltest du im Bett sein.) **245**

92 **CHINA:** 不入虎穴，焉得虎子 (Kann man ein Tigerjunges fangen, ohne sich in die Höhle des Tigers zu wagen?) **247**

93 **SRI LANKA:** ඇඟිල්ල තරමට ඉදිමෙන්න (Verhalte dich deinen Wünschen und Ansichten entsprechend.) **251**

94 **SCHWEDEN:** Om du inte tar på dig mössan, så kommer du att tappa håret, när du blir stor! (Falls du dir nicht die Mütze anziehst, wirst du deine Haare verlieren, wenn du älter bist!) **254**

95 **RUSSLAND:** не считай галок. (In der Schulstunde soll man keine Dohlen zählen.) **257**

96 **UKRAINE:** Когда я ем я глух и нем. (Wenn ich esse, bin ich taub und stumm.) **259**

97 **JAPAN:** 閻魔様に舌を抜かれるから、嘘をついてはいけない。Emma-sama ni shita wo nukareru kara, uso wo tsuite wa ikenai. (Du sollst nicht lügen, weil dir sonst vom Herrn der Hölle – genannt «Emma» – die Zunge herausgezogen wird.) **260**

98 **MEXIKO:** El que come y canta loco se levanta. (Wer isst und gleichzeitig singt, steht verrückt auf.) **262**

99 **RÖMISCHES REICH:** Festina lente. (Eile mit Weile.) **263**

100 **POLEN:** Gdyby kózka nie skakała, to by nóżki nie złamała. (Wenn das Zicklein nicht gesprungen wäre, hätte es sich nicht das Beinchen gebrochen.) **265**

101 Immer danke sagen. **267**

Ich hab's dir ja gesagt! 1

Stimmt. Meistens.

Eine der wichtigsten Aufgaben, die Eltern haben, ist: Regeln aufstellen. Eine der wichtigsten Aufgaben, die Kinder haben, ist: nicht darauf hören. Im Lauf der Evolution hat wohl kein Geschöpf der Welt die Hier-rein-daraus-Strategie so perfektioniert wie Kinder. Was prasselt da nicht auf einen jungen Menschen ein: Im Schwimmbad nicht rennen! Immer die Schnürsenkel zubinden! Nicht auf Bonbons beißen! Nimm die Hände aus den Taschen! Im Auto nicht lesen, sonst wird dir schlecht! Es endet meistens im Zahnarzt-Wartezimmer, wo man mit verstauchten Handgelenken und vollgekotzter Hose darauf wartet, dass die rausgebrochenen Füllungen ausgebessert werden, während die Eltern einem zuraunen: «Ich hab's dir ja gesagt!»

Das stimmt fast immer. Die Eltern haben es gesagt. Tausendmal. Aber junge Menschen hören gewisse Dinge einfach nicht. Versunken in ihr Tun, in das Spiel oder eine faszinierende Tätigkeit (beispielsweise auf dem Sofa liegen, Musik hören und SMS schreiben), umgibt sie eine Art unsichtbare Schutzhülle. Die schirmt sie ab vor Störungen wie «Nach dem Klo und vor dem Essen: Hände waschen nicht vergessen!» oder «Keine toten Tiere anfassen!». Dieses Ausblenden der Wirklichkeit ist sogar wichtig für die Entwicklung, haben Erziehungswissenschaftler festgestellt. Wie soll man sonst in Ruhe heranreifen?

Es ist für Eltern natürlich lästig, ihre guten Ratschläge tausendmal ablassen zu müssen. Das kann man verstehen, da sollte man Mitleid haben. So ist es dann kein Wunder, dass manchmal auch eine abwertende Hochnäsigkeit in

dem Spruch steckt. Gedanklich gefolgt von einem: «Du wolltest ja nicht auf mich hören. Selbst schuld.» Da liegt man am Boden, weil man mal nicht auf seine Eltern gehört hat, und dann wird auch noch nachgetreten. Beim Fußball wäre das grob unsportliches Verhalten.

Wie soll man da reagieren? Man kann seinen Eltern ja schlecht die Rote Karte zeigen. Ist das Kind schon in den Brunnen gefallen und die Eltern rufen ihren Satz hinunter, dann nimmt ein einfaches «Stimmt!» den Wind aus den elterlichen Segeln. Wenn man sich abenteuerlustig fühlt, kann man noch ein «Manche Erfahrungen muss ich eben selbst machen» hinterherschieben. Und auch ein wagemutiges «Entwicklungspsychologisch gesehen sind Lernprozesse ohne eigene Erfahrungen ja so gut wie ausgeschlossen» sollte die Eltern kurz innehalten lassen. Wenn man dann noch ein lässiges «Ich sag nur: Primärerfahrung» folgen lässt, ist sicher schnell Schluss mit der elterlichen Besserwisserei.

Dann halten einem Eltern nicht immer vor, dass einem durch das viele Fernsehen und Computerspielen (die berühmtesten Sekundärerfahrungen) wichtige direkte Erfahrungen aus erster Hand (das sind die Primärerfahrungen) fehlen. Natürlich weiß man aus Computerspielen, dass man großen Affen, die mit Tonnen um sich werfen, besser aus dem Weg geht. Aber richtig begreifen tut man es erst, wenn man dem Schulrowdy gegenübersteht, der sich mit beiden Fäusten rhythmisch gegen die Brust klopfend zum Angriff bereit macht. (Das ist übrigens eine Primärerfahrung, auf die ich gerne verzichtet hätte. Und auf das blaue Auge auch.)

Im täglichen Kampf der Generationen (Uh, wie reißerisch!) ist dieses Buch – genau wie sein Vorgänger «Scheiße sagt man nicht!» – hoffentlich eine willkommene Inspiration für Eltern und eine hilfreiche Argumentationshilfe für Kinder. Damit man in allen Situationen, in denen man kurz vor oder nach dem Sammeln einer wichtigen Erfahrung noch einen Spruch von seinen Eltern reingewürgt bekommt, fundiert und auf den Punkt antworten kann. Entweder, wie falsch die Eltern liegen – oder um allwissend mit den tatsächlichen Fakten zum Spruch zu überraschen. (Nach dem Motto: «Und wusstest du eigentlich, dass ...»)

In diesem Sinne wünschen wir viele schöne Stunden mit diesen Elternsprüchen zum Nachtreten und Nachschlagen.

Spinat macht stark. 2

Stimmt nicht.

Klar, jeder hätte gern so dicke Muskeln wie der Seemann Popeye! (Also, jeder Junge jedenfalls – bei Mädchen sähe das vielleicht ein bisschen komisch aus. Aber so stark wie Pippi Langstrumpf zu sein, wäre ihnen wahrscheinlich auch ganz recht. Obwohl Pippi nie Spinat gegessen hat, glaube ich.)

Popeye braucht nur eine Dose Spinat einzuwerfen, schon ist er unbesiegbar. Blöd bloß, dass Popeye eine Comicfigur ist. Es gibt in diesem Zusammenhang auch noch einige andere Verhaltensweisen, die man nicht nachahmen sollte: Wie Superman zu fliegen versuchen ist ganz ungesund. Und ohne Hose aus dem Haus zu gehen wie Donald Duck, der sich nur nach dem Duschen schamhaft ein Handtuch um die Hüften wickelt, könnte sich auch als problematisch erweisen. Ähnlich ist es mit dem Starkwerden: Popeye, Spinat, Muskeln – klappt. Ich, Spinat, Muskeln – klappt nicht. So einfach ist das.

Aber wie kam es denn überhaupt zu diesem Gerücht? Immerhin sollen Kinder ja schon seit Generationen brav ihren Spinat aufessen, um «groß und stark» zu werden. Und tatsächlich verzehren die Deutschen kein Tiefkühlgemüse so oft wie Spinat. Diese Erfolgsgeschichte begann vor etwa hundert Jahren. Damals wollten Wissenschaftler herausgefunden haben, dass Spinat haufenweise Eisen enthält. Bei der Gelegenheit: Was ist eigentlich Eisen, und was nützt es uns? Eisen ist ein Metall. Seine Freunde nennen es gerne auch Fe – das ist die chemische Bezeichnung. Und obwohl Fe so klingt wie der Name eines zarten Mädchens, kann Eisen ganz schön hart und schmerzhaft sein. Jeder, dem schon mal eine Pfanne aus Gusseisen auf den Fuß gefallen ist, weiß, wovon ich rede. In der richtigen Menge und Zusammensetzung aber ist Eisen für den Körper ein lebenswichtiges Spurenelement. Es sorgt unter anderem dafür, dass unser Blut Sauerstoff speichern und transportieren kann. Einfach gesagt ist Eisen stark und hart und gut für den Körper. Da braucht man nur eins und eins zusammenzuzählen, und schon landet man bei einem spinatverschlingenden Seemann mit riesigen Muskeln.

Schade nur, dass die ganze Geschichte auf ein bis zwei Irrtümern beruht. Denn damals hat der Schweizer Wissenschaftler Gustav von Bunge den Eisengehalt von getrocknetem Spinat gemessen – von Spinatpulver. Da frischer Spinat aber zu etwa 90 Prozent aus Wasser besteht, müsste man davon fast zehnmal so viel essen, bis man den Eisengehalt von getrocknetem Spinat erreicht.

Eine andere Variante der Geschichte besagt, dass sich eine Sekretärin im Forschungslabor einfach vertippt hat. So wurde durch einen Kommafehler aus dem Spinat ein Power-Gemüse, das auf 100 Gramm 30 Milligramm Eisen enthält.

In Wahrheit sind es nicht 30, sondern nur drei Milligramm. Und das ist nichts Besonderes. Es gibt viele Lebensmittel, die diese Menge Eisen schaffen. Rindfleisch zum Beispiel enthält mehr Eisen als Spinat, Leberwurst etwa doppelt so viel, und sogar Weißbrot oder Pommes sind gleichauf. Aber besonders viel Eisen steckt ausgerechnet in – kleiner Tusch – Schokolade! Der Eisengehalt einer Tafel Schokolade ist mehr als doppelt so hoch wie der von der gleichen Menge Spinat! (Jaha, ich hab's immer schon geahnt, dass Schokolade nicht ganz ungesund sein kann.)

Schade nur, dass man auch von Schokolade keine dicken Muskeln bekommt, sondern allerhöchstens einen dicken Bauch.

3 Spinatreste darf man nicht aufwärmen, sonst stirbt man.

Stimmt nicht.

Da wir ja jetzt alle wissen, dass Spinat bei weitem nicht so stark macht, wie uns die Comic- und die Gemüseindustrie weismachen wollen, wundert es natürlich niemanden mehr, dass oft viel vom Spinat übrig bleibt. Meine Oma hat meiner Mutter beigebracht, diese Reste wegzuwerfen. Denn würde man sie wieder aufwärmen und den Kindern ein zweites Mal zum Essen servieren, dann fielen sie auf der Stelle tot um. (Die Kinder, nicht die Reste.)

Interessanterweise hielt sich meine Mutter nicht immer an die Regeln ihrer Mutter – auch wenn sie das heutzutage nie zugeben würde. Doch zum Glück wird Spinat nicht automatisch zu Gift, wenn man ihn aufwärmt. Sonst könnte ich diese Zeilen gar nicht schreiben, so oft, wie bei uns alter Spinat wieder warm gemacht wurde.

Im Spinat gibt es bestimmte Salze, die werden Nitrate genannt. Wenn man Spinat aufwärmt oder zu lange warm stehen lässt (ich spreche hier von mehreren Tagen), dann bilden sich Keime, die die Nitrate in Nitrite umwandeln. Nur ein Buchstabe Unterschied, aber: Oho! Denn Nitrite können vor allem für Babys sehr gefährlich werden. Wenn nämlich zu viele Nitrite im Körper sind – und das passiert bei kleinen Körpern schneller als bei großen –, kann das Blut keinen Sauerstoff mehr transportieren, und man erstickt praktisch von innen.

Im Klartext heißt das: Wenn man Spinatreste nicht lange warm hält, sondern schnell abkühlt und sie am nächsten Tag wieder heiß macht, ist das völlig ungefährlich.

Viele Köche verderben den Brei 4

Stimmt.
 Es ist kaum zu glauben, aber wir alle essen Brei. Jeden Tag. Nur Brei und sonst nichts anderes. (Also abgesehen von all den Lesern, die hin und wieder vergessen zu kauen und ihre Brötchen in einem Stück runterschlucken.)

Und das bringt uns direkt zu einem kleinen Versuch, der allerdings für Menschen mit kurzer Aufmerksamkeitsspanne sehr schwierig werden wird. Alles, was man für diesen Versuch braucht, sind ein paar Scheiben Brot. Kann auch gerne Vollkornbrot sein. Einfach abbeißen und kauen.

Schön weiterkauen.

Kauen, kauen, kauen.

Nicht runterschlucken.

Und nicht mit vollem Mund lesen. (Äh, nein, diese Elternregel hieß anders …) Immer weiterkauen.

Brot enthält übrigens Stärke. Das ist ein Stoff, der in vielen Pflanzen vorkommt und der für uns Menschen ziemlich wichtig ist. Stärke ist nämlich ein Grundnahrungsmittel.

Und? Ist aus dem Brot inzwischen Brei geworden? Prima. Und wie schmeckt der Brei? Die Chancen stehen gut, dass der Brei überraschenderweise viel süßer ist als das Brot. Das liegt daran, dass die Verdauung schon im Mund beginnt. Wenn man nämlich Brot zerkaut und mit Spucke mischt, dann sorgt ein Enzym mit Namen Ptyalin im Speichel dafür, dass die Stärke gespalten wird. Dabei entsteht Zucker. Der Geschmack wird dadurch süßer, und das Brot lässt sich so besser verdauen. Der Brotbrei kann jetzt getrost heruntergeschluckt werden.

Damit wäre die Behauptung von oben bewiesen: Egal, was wir essen, wir schlucken es meistens als Brei hinunter. Schmeckt auch ganz in Ordnung.

Jetzt kommt ein weiterer Versuch. Wer das Buch in der Straßenbahn oder im Bus auf dem Weg zur Schule oder zur Arbeit liest, hat Glück, denn für diesen Versuch braucht man mindestens drei weitere Personen.

Einfach wieder ein Stück vom Brot abbeißen und kauen. So lange kauen, bis das Brot schön breiig ist. Dann aber den Brotbrei nicht herunterschlucken, sondern weitergeben an den Menschen, der gerade neben einem sitzt oder steht.

Der soll auch ein bisschen auf dem Brotbrei rumkauen und ihn schön mit Spucke vermischen. Und dann soll er den Brei an den Nächsten weitergeben. Der macht das Gleiche – er vermischt den Brei von seinem Vorkauer mit seiner eigenen Spucke und gibt den wahrscheinlich inzwischen schon sehr flüssigen Brei wieder weiter. Und auch die vierte Person leistet ihren Beitrag – zerkauen und einspeicheln – und gibt den Brei wieder zurück an den verehrten Leser dieser Zeilen.

Und? Schmeckt der Brotbrei immer noch so schön süß wie beim ersten Versuch? Bestimmt nicht. Bestimmt schmeckt der Brei eklig, abstoßend, verdorben. (Hatte ich erwähnt, dass es sich bei diesem Versuch nur um ein Gedankenexperiment handelt? Nein? Oh, das tut mir leid.) Wenn viele Menschen an einer Sache arbeiten, wird sie meistens nicht so, wie man sich das gewünscht hat. Nichts anderes bedeutet der Elternspruch «Viele Köche verderben den Brei». Dem einen ist der Brei zu süß, dem anderen nicht fruchtig genug. Und so müssen Kompromisse eingegangen werden, die am Ende dazu führen können, dass der Brei keinem mehr schmeckt. Was kann man dagegen machen? Dazu lohnt es sich vielleicht, einen Blick in eine Restaurantküche zu werfen.

Denn wenn viele Köche den Brei verderben, wie kann es dann erfolgreiche Restaurants geben mit großen Küchen, in denen viele Köche arbeiten? Die Antwort ist einfach: Es gibt einen Chef, der das Sagen hat – den Chefkoch, auch Chef de Cuisine genannt. (Das wird «Scheff dö Kwisien» ausgesprochen.) Er bestimmt unter anderem, was eingekauft wird und was auf die Karte kommt. Der Chef hat einen Stellvertreter, den Sous-Chef («Ssuh-Scheff»). Dem wiederum sind viele Chefs de Partie («Scheffs dö Partie») unterstellt. Je nach Größe der Küche erledigen sie die eigentliche Kocharbeit, oder aber sie haben unter sich noch die Demichefs de Partie («Dömischeffs dö Partie») – das sind die Stellvertreter, und die Commis de Cuisine («Kohmmi dö Kwisien») – die Jungköche.

Damit sich die ganzen Köche nicht in die Quere kommen, haben die Chefs de Partie unterschiedliche Aufgabenbereiche. Der eine kümmert sich nur um Kaltspeisen – das ist der Gardemanger («Gardehmongschee»), ein anderer nur um die Suppen – das ist der Potagier («Pohtaschjieh»), wieder ein anderer nur um Fisch – das ist der Poissonnier («Puassonjieh») – oder um Gebratenes – das ist der Rôtisseur («Rottissöhr»). Ein Koch ist zuständig für Soßen – der Saucier («Sohssjieh»), einer für Beilagen – der Entremetier («Onträmetjieh»), und um meinen Lieblingsbereich, den Nachtisch, kümmert sich der Pâtissier («Pahtissjieh»).

Und wer jetzt Hunger auf Brei bekommen hat, darf gerne eine Pause vom Lesen machen.

Kuchenteig und frisches Brot essen macht Bauchweh. 5

Stimmt nicht ganz.

Wenn früher bei uns zu Hause Kuchen gebacken wurde, habe ich immer am liebsten den rohen Teig genascht. Am allerliebsten hätte ich die Rührschüssel komplett leer gemacht! Aber das durfte ich leider nie. Ist doch komisch, da will man mal Bauchweh kriegen, und dann soll man nicht ... Wäre doch eine tolle Gelegenheit für ein sattes elterliches «Ich hab's dir ja gesagt!» gewesen. (Heutzutage backe ich manchmal Kuchen, nur um mich am rohen Teig satt zu essen. Meine Kuchen sind deshalb immer ziemlich klein.)

Wer im Kindergarten gut aufgepasst hat, weiß, dass Backen ziemlich einfach ist:

Backe, backe, Kuchen,
Der Bäcker hat gerufen!
Wer will guten Kuchen backen,
Der muss haben sieben Sachen:
Eier und Schmalz,
Butter und Salz,
Milch und Mehl,
Safran macht den Kuchen gehl!

Statt Schmalz nimmt man heutzutage Butter oder Margarine. Und Safran, mit dem man früher den Kuchen leuchtend gelb (auf Altdeutsch: «gehl») färbte, lässt man meistens weg.

Dafür aber kommt inzwischen üblicherweise ein Backtriebmittel in den Teig, weil der Kuchen sonst fest wie Früchtebrot wird. Das kann zum Beispiel Hefe oder Backpulver sein. Hefe und Backpulver stellen Kohlendioxid her.

Das ist ein Gas – man kann es an den Blasen im Teig erkennen –, das den Teig schön locker und luftig werden lässt. Isst man vom frischen, ungebackenen Teig, dann kommt auch Backtriebmittel in den Magen. Und produziert dort weiter Kohlendioxid. Das ist dann so, als hätte man ganz viel Sprudelwasser getrunken. Davon kann man Blähungen und Bauchschmerzen bekommen.

Es gibt allerdings einen anderen, besseren Grund, keinen frischen Teig zu essen: die Eier. Auf Eierschalen können Krankheitserreger sitzen, zum Beispiel Salmonellen. Die sterben erst durch die Hitze im Backofen. Im rohen Teig aber sind sie noch drin, und deshalb kann man davon krank werden (und wie bei fast jeder anständigen Krankheit gehört Bauchweh mit dazu).

Bei frischgebackenem Brot ist es anders. Denn das ist ja schon gebacken. Hefe und Backpulver stellen bei Ofenhitze die Arbeit ein – sonst würde das Brot im Brotkorb sich ja über Nacht verdoppeln. Das wäre ganz schön unheimlich. Nur Menschen mit einem sehr empfindlichen Magen bekommen von frischem Brot Bauchschmerzen. Das liegt aber nur daran, dass frisches Brot so lecker duftet und schmeckt. Deshalb stopft man sich viel zu viel davon viel zu schnell rein. Und kaut dabei noch nicht mal richtig, sondern würgt es einfach nur begeistert runter. Ich zum Beispiel kann eine ganze Scheibe frisches Brot in weniger als einer halben Minute runterschlingen. Aber auf altem Brot kaue ich viel länger herum, weil es ja erst mal weich werden muss. Das dauert dann bei mir so um die zwei Minuten – viermal länger.

Wenn in meinem Magen jedoch ein kaum gekauter Riesenklumpen frisches Brot landet, mit ganz wenig Speichel, dann muss die Magenmuskulatur kräftig arbeiten. Und das verursacht Dehnungsschmerzen. Das besser vorgekaute und eingespeichelte ältere Brot muss nicht so stark bearbeitet werden, deshalb kriegt man davon keine Bauchschmerzen.

Apropos altes Brot: Vor ungefähr siebzig Jahren gab es sogar ein Brotgesetz, in dem stand, dass Brot erst einen Tag nach der Herstellung verkauft werden durfte. Denn damals war Nahrung knapp und musste möglichst lange reichen. An älterem Brot kaut man länger herum, und man isst auch weniger davon. Also brauchte man weniger, um sich satt zu fühlen.

Ungesund aber ist frischgebackenes Brot nicht. Sonst dürfte man ja auch keine Brötchen und keine warme Pizza essen. Und kriegt man von denen etwa Bauchweh? Eben!

Allerdings können manche Leute aus zwei anderen Gründen doch Brot-Bauchschmerzen kriegen. Erstens enthalten Brote manchmal in ganz geringen Mengen Stoffe, gegen die jemand allergisch ist. Wird zum Beispiel beim Bäcker erst ein Nussbrot aufgeschnitten, dann ein Graubrot, können an dem Graubrot trotzdem Nusskrümel kleben. Wer gegen Nüsse allergisch ist, kriegt dann Bauchschmerzen oder Ausschlag. Und: In den Randschichten des Getreides, die im Vollkornbrot mitverarbeitet werden, sitzen Stoffe, die mit Zucker zusammen im Darm zu gären beginnen. Einige wenige Menschen haben deshalb Probleme mit Marmelade, Honig oder Nougatcreme auf Vollkornbrot.

Übrigens: Ein reines Märchen ist die Behauptung, dunkles Brot sei gesünder als helles. Oft ist es nur mit Malz gefärbt. Nur wo «Vollkorn» draufsteht, ist auch Vollkorn drin, und das ist auch wirklich gesünder. Und hilft auf die Dauer sogar gegen Bauchschmerzen, weil es die Verdauung anregt.

Und jetzt entschuldigt mich bitte für ein paar Stunden – ich fühle das dringende Verlangen nach frischem Kuchen in mir aufquellen.

6 Bonbons nicht zerbeißen, sonst gehen die Zähne kaputt.

Stimmt nicht ganz.

Bonbons sind nämlich nicht nur sehr lecker, sondern auch verdammt hart. Es würde ja auch keiner glauben, man könnte Steine zerbeißen, ohne dass dabei die Zähne leiden.

Mit einem besonderen Gerät kann man messen, wie hart Zähne und Bonbons sind. Dazu wird ein Zahn – oder auch ein Bonbon – in das Messgerät gespannt, dann drückt ein Kolben auf den Zahn – oder das Bonbon –, bis der Zahn – oder das Bonbon – zerbricht. Hinterher kann man ablesen, bei welchem Druck das geschehen ist.

Ein Bonbon platzt bei etwa 265 Newton. 1 Newton übt ungefähr so viel Druck aus wie 100 Gramm, 265 Newton sind also in etwa so viel, als ob man 26,5 Kilo nur auf dieses eine kleine Bonbon stellt. Das ist ungefähr so viel, wie ein Grundschulkind wiegt. Das kann jeder also leicht ausprobieren: Bonbon auf den Boden legen – drauftreten – kaputt!

Nun sind unsere Zähne ganz schön hart. Härter als ein Bonbon, möchte man meinen. Zahnwurzel und Zahnbein nicht, die stecken im Zahnfleisch. Aber die Zahnkrone ist vom Zahnschmelz umgeben, und der gehört zum Härtesten, was der menschliche Körper herstellen kann. Aber es gibt Zähne, die schon mal repariert wurden, die also eine Füllung haben. Diese Füllungen werden auch Plomben genannt. Zähne mit Plomben drin sind nicht mehr so fest, weil die Zahnwände bei ihnen dünner sind. Bei Leuten, die viele Bonbons essen, kommt das am häufigsten vor, ist ja klar.

Und viele Zähne haben auch ganz kleine Beschädigungen, die man nicht so leicht sehen kann. Solche winzigen Risse können zum Beispiel entstehen, wenn man erst etwas ganz Kaltes und gleich danach etwas Warmes gegessen hat. Der Zahnschmelz kann dadurch aufplatzen. Wenn man einen Eiswürfel aus dem Eisfach nimmt und direkt in etwas wärmeres Wasser legt, passiert dasselbe. Er knackst laut und bekommt Risse.

Solche Zähne, die nicht mehr ganz so stabil sind, können leichter zerbrechen als gesunde.

Schon ein ganz normaler Zahn ohne Füllung zerbricht in der Härtemessmaschine bei etwa 250 Newton. Die Maschine braucht also sogar ein bisschen weniger Kraft, um den Zahn zu zerbrechen, als für das Bonbon. Oder umgekehrt: Der Zahn, mit dem wir das Experiment durchgeführt haben, hielt nicht mal so viel aus wie das Bonbon.

Nun kann sicher jeder nachvollziehen, dass ich mir nicht noch extra Zähne ziehen lassen wollte, um noch mehr davon zu zermalmen. Obwohl meine eigenen bestimmt total hart sind von dem ganzen Spinat, den ich als Kind gegessen habe ... (Ist nur ein Scherz. Spinat lässt weder Muskeln noch Zähne hart werden.) Jedenfalls können gesunde Zähne ungefähr genauso leicht (oder schwer) kaputtbrechen wie ein Bonbon. Das Risiko, dass die Zähne platzen, und nicht das Bonbon, wenn man kräftig draufbeißt, ist also sehr hoch! Und wenn man nicht mehr so viele kerngesunde Zähne im Mund hat, sondern schon ein paar mit Füllungen, ist das Risiko noch viel größer.

Aber Gott sei Dank gibt es ja Auswege: Bonbons lutschen und auf der Zunge zergehen lassen – dann hat man auch länger was von ihnen. Oder weiche Kaubonbons. Die nennt man zwar Plombenzieher, aber das muss heutzutage nichts mehr bedeuten – bei den ganzen Fortschritten, die in den letzten Jahrzehnten in der Medizin und der Klebetechnologie gemacht worden sind ...

7 Trocken Brot macht Wangen rot.

Stimmt.

Denn Brot enthält reichlich Vitamine, Mineralstoffe und Spurenelemente. Buchstäblich rote Wangen macht es, weil auch Eisen drin ist. Und Eisen braucht man für die roten Blutkörperchen. Wer an Eisenmangel leidet, hat oft eine viel blassere Haut.

Außerdem muss man trockenes Brot besser kauen als frisches. Das ist Training für die Kiefermuskeln. Die werden dann besser vom leuchtend roten Lebenssaft durchblutet und beginnen zu strahlen.

Rote Wangen stehen ja für Gesundheit und Vitalität schlechthin. Und tatsächlich kann man feststellen, dass eine spezielle Brot-Diät zum Wohlbefinden beiträgt. Heute zahlen manche Menschen hohe Gebühren, um eine solche Diät in teuren Kliniken machen zu dürfen. Denn diese supereinfache Ernährung hilft gegen Zivilisationskrankheiten wie Diabetes, Übergewicht und Stoffwechselprobleme. Früher bekamen dagegen nur Gefangene «Wasser und Brot» – und natürlich rote Wangen.

Vielleicht ist so das Staunen zu erklären, das in diesem Spruch mitschwingt. Denn die Gefangenen früher kriegten natürlich kein frisches, leckeres Brot, sondern nur die alten Kanten. Und trotzdem sahen manche Insassen erstaunlich gesund und lebendig aus. Da stellten die Gefängniswärter wohl überrascht fest: Trocken Brot macht Wangen rot!

Du müsstest mal richtig Hunger leiden. 8

Stimmt nicht.
Gemeint ist damit: Sei doch nicht so undankbar! Oder: Du weißt gar nicht zu schätzen, wie gut du es hast!

Und das stimmt oft sogar. Aber aus demselben Grund, aus dem wir manchmal übersehen, wie toll es läuft, bringt es auch wenig, im Elend zu leben.

Natürlich ist es richtig und sinnvoll, sich immer wieder klarzumachen, wie gut es einem geht. Jedenfalls wenn es einem gutgeht. Wenn nicht, sollte man sich das auch klarmachen – und dann versuchen, etwas dagegen zu unternehmen.

Der Hungerspruch stammt von Generationen, die selbst Hunger gelitten haben. In den Kriegs- und Nachkriegszeiten gab es viel zu wenig zu essen, und die allermeisten Menschen hungerten. Und viele Jahrhunderte lang wechselten sich Krieg und Frieden in Europa ab. Dass seit gut fünfzig Jahren kein großer Krieg den Kontinent erschüttert hat, ist geschichtlich eine Sensation. Es führt aber auch dazu, dass mittlerweile schon zwei Generationen den Mangel nicht erlebt haben.

Nun ist es aber so, dass man sich eben einfach an Dinge gewöhnt. An Zufriedenheit, Geborgenheit, Sicherheit. Einmal Hunger zu leiden bringt daher sowieso nichts. Wirklich einprägen kann sich eine solche Situation nur, wenn sie lange anhält und man sich eben an den Hunger gewöhnt. Dann wird er zum Vergleichsmaßstab. Und das wünscht man ja nicht mal seinem ärgsten Feind. (Na ja, dem vielleicht schon, aber sonst keinem.)

Jemandem aber Hunger zu wünschen, damit er oder sie das Sattsein zu schätzen weiß, ist also nicht wirklich sinnlos, aber gemein. Es ist, als sollte man sich mit dem Hammer auf den Daumen hauen, weil es so schön ist, wenn der Schmerz nachlässt. Doppelt fies ist der Satz, weil immer mehr junge Menschen in Deutschland in Armut leben. Mittlerweile ist fast jedes siebte Kind betroffen und jeder fünfte Jugendliche. Die meisten von ihnen bekommen vielleicht genug zu essen, können aber am sozialen Miteinander nicht teilhaben: Schwimmbad, Kino, MP3-Player – kommt alles nicht in Frage! Oft ist es dann auch noch so, dass die Eltern so sehr mit ihren eigenen Problemen beschäftigt sind, dass sie gar keine Zeit für ihren Nachwuchs haben.

Undankbar zu sein ist natürlich nicht richtig. Aber Undankbarkeit derart gedankenlos entgegenzutreten, ist genauso falsch.

Nach Cola kann man nicht einschlafen 9

Stimmt.

Kommt allerdings auf die Menge und vor allem auf die Cola-Marke an.

Wach bleibt man angeblich, weil in Cola Koffein drin ist. Genau wie in Kaffee übrigens. Die meisten gängigen Cola-Sorten enthalten zehn Milligramm Koffein pro 100 Milliliter Cola (das ist ein kleines Glas voll). Ein Restaurant-Glas enthält etwa 300 Milliliter, Flaschen gibt's zwischen einem halben Liter (500 Milliliter) und zwei Litern (2000 Millilitern). Und wer gar in einem Fastfoodbereich unendlich oft nachfüllen darf, muss selbst mitrechnen. Jedenfalls kann da eine ganze Menge Koffein zusammenkommen.

Bei Erwachsenen zeigen sich ab 150 bis 200 Milligramm Koffein erste Wirkungen. Aufmerksamkeit und Konzentrationsfähigkeit werden erhöht, das Lernen fällt leichter, Ermüdungserscheinungen nehmen ab. Nun ist das aber wie beim Tierarzt. Für einen dicken Bernhardiner braucht man mehr Betäubungsmittel als für Nachbars Mini-Kätzchen. Und so ist die Wirkung des Koffeins eben auch abhängig vom Körpergewicht.

Nehmen wir mal an, ein Erwachsener wiegt mindestens 60 Kilo (die meisten bringen allerdings deutlich mehr auf die Waage). Und ein junger Mensch ist vielleicht nur halb so schwer. Dann braucht der auch nur halb so viel Koffein, damit es wach hält.

Wenn es bei Erwachsenen also ab 150 Milligramm losgeht, dann kann man bei jungen Menschen ab 75 Milligramm mit dem Einsetzen der Wirkung rechnen – das entspricht 750 Millilitern Cola. Ein großes Glas zum Abendessen ändert also nichts, zwei Gläser können aber schon wach halten.

Aber das ist noch nicht kompliziert genug: Erstens reagiert jeder Mensch anders auf solche Stoffe. Außerdem kann man sich an sie gewöhnen. Manche Erwachsenen trinken zum Beispiel zehn Tassen Kaffee am Tag – mehr als einen Liter. Und in einem Liter Kaffee sind schon über 300 Milligramm Koffein. Trotzdem hält das Gebräu sie nicht wach, weil der Körper sich daran gewöhnt hat. Oder weil derjenige einfach nicht so stark auf Koffein reagiert. Andere werden schon nach einer Tasse ganz nervös und zittrig. Auch das gibt's, und denen geht es natürlich mit einem Glas Cola ähnlich.

Zweitens gibt es Cola-Sorten, zum Beispiel afri-cola oder fritz-kola, in denen sich die höchstens erlaubten 25 Milligramm Koffein pro 100 Milliliter Cola finden. Das ist viel mehr Koffein als in Coca-Cola oder Pepsi mit ihren zehn Milligramm pro 100 Milliliter. Genauer gesagt, zweieinhalbmal mehr. Um nicht die halbe Nacht wach zu liegen, sollte man von diesen vollgepackten Cola-Sorten also auch zweieinhalbmal weniger trinken. Anders gesagt: Schon ein normal großes Glas afri-cola kann einen normalgewichtigen Jugendlichen um den Schlaf bringen!

Noch lustiger wird es mit Energy-Drinks wie Red Bull, die enthalten 30 Milligramm Koffein oder mehr pro 100 Milliliter. Sie sollen ja auch wach halten. Aber besser als zwei verzweifelte Dosen Red Bull um Mitternacht wirkt es natürlich, rechtzeitig mit dem Lernen für die Klausur am nächsten Morgen anzufangen.

Bewährt hat es sich, den persönlichen Wachhalt-Effekt von Cola unter elterlicher Aufsicht mal im Urlaub zu testen. Trinkt der Nachwuchs dort die Literflasche leer und liegt trotzdem eine halbe Stunde später schnarchend in der Koje, verlaufen alle weiteren Diskussionen zum

Thema deutlich entspannter. Hält einen die Brause aber wirklich bis zum Morgengrauen wach, so haben die wenigsten von sich aus Lust, das Experiment in der Schulzeit zu wiederholen. Manche Menschen bekommen übrigens von zu viel Cola Verdauungsbeschwerden. Ungeklärt sind die Ursachen: Ist der Süßstoff schuld, der gärende Zucker, die Menge der Flüssigkeit (weil man vielleicht mehr Cola trinkt als Wasser)? Oft hilft es jedenfalls, weniger Cola zu trinken.

Übrigens: Etwas anderes kann Cola noch viel schlechter als wach halten. Nämlich Schwangerschaften verhüten. Unsterblich ist das Gerücht, eine Scheidendusche mit Cola light wirke empfängnisverhütend. Wissenschaftler haben zwar herausgefunden, dass Samenzellen in Cola nicht lange überleben. (Warum sollten sie auch?) Aber Sperma ist so schnell bei und in der Eizelle angekommen, dass eine nachträgliche Waschung überhaupt nichts bringt, egal ob mit Cola oder sonst was. Deshalb: Immer Kondome oder die Pille benutzen. Und Cola höchstens, um lange genug wach zu bleiben. Zwinker, zwinker.

10 Milch ist kein Getränk.

Stimmt nicht.

Milch ist sehr wohl ein Getränk. Im «Deutschen Universalwörterbuch» des Duden-Verlags heißt es eindeutig: «Getränk, das: zum Trinken zubereitete Flüssigkeit». Und Milch wird definiert als: «Milch, die: aus dem Euter von Kühen (auch Schafen, Ziegen u. a. säugenden Haustieren) stammende, durch Melken gewonnene weiße, leicht süße u. fetthaltige Flüssigkeit, die als wichtiges Nahrungsmittel, bes. als Getränk, verwendet wird».

Dabei ist man sich weltweit nicht unbedingt einig, was nun eigentlich Lebensmittel sind. In Südostasien werden zum Beispiel Schlangen und Hunde gegessen, auch frittierte Insekten stehen häufig auf dem Speiseplan (sie sollen kross wie Pommes sein, aber viel gesünder).

Lebensmittel ist das, was man isst oder trinkt, also zum Beispiel auch Schokoriegel. Als Nahrungsmittel bezeichnet man die Lebensmittel, die dem Körper wirklich etwas bringen, also zum Beispiel Fleisch, Gemüse, Obst, Getreide – und eben auch Milch.

Die Milch, die wir im Supermarkt kaufen, ist eigentlich dafür da, Kälbchen wachsen zu lassen. So wie Menschen-Mütter ihre Babys mit Muttermilch stillen, bekommen Kuhbabys Kuhmilch. Die ist also nicht nur gegen Durst da, sondern soll auch den Hunger stillen.

Und genau darum geht es in dem Spruch «Milch ist kein Getränk». Harald Seitz, Pressesprecher vom «aid infodienst» – das ist ein Informationsdienst für Verbraucherschutz und Ernährung –, erklärt: «Milch ist kein Durstlöscher, sondern ein Lebensmittel.» Und zwar sogar ein sehr hochwertiges Lebensmittel, das eine Menge wich-

tiger Nährstoffe liefert: Wasser, Kohlenhydrate, Eiweiß, Fett, Mineralstoffe, Vitamine. Deshalb sollte man sich nicht einfach einen halben Liter Milch reinschütten, wenn man am Badesee liegt (und das gilt natürlich auch für die Geschmacksrichtungen Kakao, Erdbeer, Banane, Vanille usw.). Das macht nämlich bloß dick.

Milch enthält, so Seitz, «hochwertiges Eiweiß, leicht verdauliches Fett und für den Körper gut verwertbare Kohlenhydrate in Form des Milchzuckers (Laktose). Besonders bedeutsam für den Menschen ist der hohe Gehalt an den Mineralstoffen Kalzium und Phosphor, den wasserlöslichen Vitaminen der B-Gruppe (vor allem Vitamin B_2) und den fettlöslichen Vitaminen A und D. Auch der Gehalt an Jod und Fluorid ist nicht unbedeutend.»

Das wiederum unterscheidet die Milch von zuckerhaltigen Limonaden. Die machen auch dick, statt nur den Durst zu löschen, enthalten aber noch nicht mal Vitamine.

Aber was genau ist in der Milch drin? Milch besteht hauptsächlich aus Wasser. 100 g Vollmilch mit 3,5 Prozent Fett enthalten im Durchschnitt:

- Wasser: 87,5 g
- Kohlenhydrate: 4,5 g
- Eiweiß: 3,3 g
- Mineralstoffe
    Phosphor: 90 mg (Milligramm)
    Kalzium: 120 mg
    Jod: 11 µg (Mikrogramm)
    Fluorid: 17 µg
- Vitamine
    Vitamin B_2: 180 µg
    Vitamin A: 30 µg
    Vitamin D: Spuren

Deshalb wurde für Milch lange mit dem Spruch geworben: «Milch macht müde Männer munter» – das stimmt tatsächlich. Milch ist ein echter Powerdrink und deswegen auch gut als Pausensnack in der Schule.

Eindeutig ist jedenfalls: Milch ist zum Trinken da, also ist sie ein Getränk. Jeden Tag Milch zu trinken oder Milchprodukte wie Joghurt, Quark oder Käse zu essen, ist sogar einigermaßen gesund – wenn man keine Unverträglichkeiten hat. (Butter ist zu fett, um zu den gesunden Milchprodukten zu zählen.)

Gegen Durst aber sollte man besser ein Glas Wasser oder Saftschorle trinken.

11 Fett schwimmt oben.

Stimmt.

Da träumt man von einem romantischen Abendessen zu zweit – und kaum wird die Suppe serviert, starren einen tausend Augen an. Fettaugen wohlgemerkt. Denn so werden die Kreise genannt, die man zum Beispiel auf Gemüsebrühe schwimmen sieht. Sie sind ein schönes Beispiel für «Fett schwimmt oben», denn wenn es nicht so wäre, würden diese Fettaugen Richtung Tellerboden schauen – und man bliebe romantisch unter sich.

Eltern sagen manchmal «Fett schwimmt oben», wenn sie ausdrücken wollen, dass ihre Kinder auch bei einem Rückschlag nicht so schnell untergehen, sondern genau wie Fett in der Suppe immer wieder hochkommen. (Hin und wieder klingt auch ein leicht verspottender Unterton mit, wenn der Nachwuchs etwas übergewichtig ist.)

Wer gerade kein romantisches Dinner geplant hat, kann trotzdem Fett oben schwimmen sehen. Der Aufwand für diesen kleinen Versuch ist außerdem auch viel geringer als für ein Abendessen, denn man braucht nur ein Glas, einen Löffel, etwas Wasser, Speiseöl – und keinen Partner. Sagte ich gerade Öl? Reden wir nicht die ganze Zeit von Fett? Das hat alles seine Richtigkeit: Fette und Öle sind chemisch gesehen dasselbe. Beide bestehen aus Glyzerin und drei Fettsäuren. Daher sagt der Kenner auch Triglyceride – «Tri» bedeutet «drei» und «-glyceride» steht für das Glyzerin, mit dem die Fettsäuren verbunden sind. Der Unterschied zwischen Ölen und Fetten ist einfach nur der, dass man Triglyceride, die bei Zimmertemperatur fest sind, «Fette» nennt.

Aber zurück zu dem Versuch. In das Glas – je größer,

desto besser – wird zuerst das Speiseöl gekippt. Dann kommt das Wasser dazu. Öl und Wasser werden mit dem Löffel schön verrührt. Im besten Fall sieht man jetzt ganz viele kleine Ölbläschen im Wasser schwimmen. Nun heißt es warten.

Es dauert gar nicht lange, und die Ölbläschen finden einander, verschmelzen und werden größer und größer. Ehe man «Exxon Valdez Amoco Cadiz Atlantic Empress Agean Captain» sagen kann, liegt auf dem Wasser im Glas ein Ölteppich. Der Versuch lässt sich beliebig oft wiederholen – umrühren, warten, und am Ende schwimmt eine Ölschicht auf dem Wasser. Das macht sie, weil Öl leichter ist als Wasser. Oder besser gesagt: Öl hat eine geringere Dichte als Wasser. Ach, wenn nur meine Kollegin Shary hier wäre! Dann könnte ich ihr für eine Erklärung einfach dieses Wort an den Kopf werfen: «Dichte!»

Und sie würde antworten:

«Masse durch Volumen
oder auch Gewicht durch Raum
heißt im Fall von Blumen,
sie sind schwerer als ein Baum.»

Und ich würde maulen: «Nein, ich meinte ‹Dichte› als physikalische Größe, nicht als Imperativ.»

Und sie würde erwidern: «Sag ich doch.»

Physikalisch gesehen bedeutet Dichte, dass ein Kilogramm Öl mehr Platz braucht als ein Kilogramm Wasser. Deshalb schwimmt Öl auf Wasser. Genau wie ein Stück Holz, das auch eine geringere Dichte als Wasser hat. Und genau wie Holz mischt sich auch Öl nicht mit Wasser. Deshalb bleiben die beiden Flüssigkeiten lieber unter sich und trennen sich nach einiger Zeit wieder.

Wer jetzt noch ein bisschen Salz in der Küche findet, kann sich seine eigene einfache Lavalampe basteln: einfach ein bisschen Salz oben in das Öl schütten und staunen, was passiert. Salz ist schwerer als Wasser – und damit natürlich auch als Öl. Deshalb sinkt es nach unten auf den Boden. Auf dem Weg dahin nimmt das Salz ein bisschen Öl mit. Wenn das Salz unten im Wasser angekommen ist, löst es sich auf, der Tropfen Öl kommt frei und steigt wieder nach oben. Jetzt kann man wieder etwas Salz ins Öl streuen, und das Spiel beginnt von vorne.

Bleibt noch die Frage zu klären, ob dicke Kinder auch immer oben schwimmen und sich daher den Schwimmkurs sparen können. Die Antwort darauf lautet: ja und nein.

Nein, sie können sich den Schwimmkurs nicht sparen, weil es nie verkehrt ist, schwimmen zu können. Denn selbst die dicksten Menschen können untergehen und ertrinken. Sie können auch mit dem Kopf nach unten und den Füßen nach himmelwärts oben schwimmen. Regel eingehalten, aber trotzdem ertrunken. Hat man mal einen Schwimmkurs gemacht, hilft das ungemein.

Und ja, es ist für dicke Menschen tatsächlich einfacher, «Toter Mann» zu machen, als für Hungerhaken, die nur aus Haut und Knochen bestehen.

Mit «Toter Mann» meine ich das ruhige Dahintreiben auf der Wasseroberfläche, ohne dass man irgendwelche Schwimmbewegungen macht. Das funktioniert nur, wenn man sich so groß macht, wie es nur geht – also Arme und Beine von sich streckt und tief einatmet. Dadurch vergrößert man das Volumen des eigenen Körpers, das heißt, man nimmt mehr Raum ein. Und je mehr Raum man einnimmt, desto mehr Wasser verdrängt man. Und je mehr Wasser man verdrängt, desto eher schwimmt man. Das kann man sich ganz einfach vorstellen: Wenn man aus Knetmasse eine Kugel formt und die ins Wasser legt, geht sie unter. Wenn man aus derselben Knetkugel ein kleines Boot formt und das ins Wasser legt, dann geht es nicht un-

ter, sondern schwimmt auf der Oberfläche – obwohl sich das Gewicht nicht verändert hat. Was sich verändert hat, ist das Volumen. Das Knetboot braucht viel mehr Platz – und verdrängt viel mehr Wasser – als vorher die Knetkugel. Wenn man messen würde, wie viel das vom Knetboot verdrängte Wasser wiegt, dann würde man feststellen: Es ist schwerer als das Knetboot. (Bei der Knetkugel ist es umgekehrt. Das von der Kugel verdrängte Wasser würde weniger auf die Waage bringen als die Kugel.) Also: Ein Körper oder Gegenstand schwimmt auf der Wasseroberfläche, wenn seine Masse kleiner ist als die Masse des von ihm verdrängten Wassers.

Das gilt auch für uns Menschen. Wenn ich mich zu einer Kugel rolle, dann verdränge ich weniger Wasser, als wenn ich mich ganz groß mache und tief einatme. Fettgewebe hat eine geringere Dichte als zum Beispiel Muskeln – das heißt, ein Kilogramm Fett braucht mehr Raum als ein Kilogramm Muskeln. Dicke Menschen verdrängen deshalb im Verhältnis mehr Wasser als dünne Menschen – und können deshalb auch leichter «Toter Mann» machen.

Da kommt einem natürlich sofort auch die alte Redewendung in den Sinn: «Er schwimmt wie ein Fettauge obendrüber.» Das heißt nichts anderes als «Er gehört zu den Begünstigten». Und das ist man doch irgendwie immer gerne.

In der Not frisst der Teufel Fliegen. 42

Stimmt.

Mit dem Namen «Beelzebub» wird im Alten Testament ein Stadtgott bezeichnet. Er ist eine der sogenannten «falschen Gottheiten» und steht für die Verführbarkeit der Menschen. «Baal Zebub» heißt übersetzt «Herr der Fliegen» und ist wohl eine Verballhornung der Bezeichnung «Baal Zebul» – das bedeutet «erhabener Fürst».

Oft wird der Begriff «Beelzebub» auch als Bezeichnung für den Teufel benutzt, obwohl es sich ursprünglich um einen Dämon handelte. Dass die beiden nicht identisch sind, zeigt schon das Sprichwort «Den Teufel mit dem Beelzebub austreiben», was bedeutet: etwas Schlimmes mit etwas anderem Schlimmen beseitigen.

Wenn der «Herr der Fliegen» (der übrigens selbst auch oft als riesige Fliege oder gigantische Mücke dargestellt wurde) nun Hunger kriegt, frisst er *not*falls auch seine eigenen Untertanen. Und so entstand in einem kruden Gemisch aus verschiedenen Quellen, Übersetzungen und Mythologien der Spruch «In der Not frisst der Teufel auch Fliegen». Gemeint ist damit: Wenn irgendetwas nötig ist, tut man es, auch wenn man es eigentlich nicht will.

Der «Herr der Fliegen» taucht übrigens auch im gleichnamigen Roman von William Golding auf. Darin ist er ein auf einen Stock gespießter Schweinekopf, der auf einer Insel im Boden steckt und dort vor sich hin modert und von Fliegen umschwirrt wird. Eine Gruppe Jugendlicher, die auf dieser Insel gestrandet ist, verehrt ihn wie eine Gottheit. In diesem Fall ist es jedoch so, dass die Fliegen das tun, was sie am besten können – sie fressen verwesendes Aas. Also müsste es in diesem Fall heißen:

In der Not fressen die Fliegen den «Herrn der Fliegen» (→ Beelzebub → Teufel), also: «In der Not (oder auch ohne) fressen die Fliegen den Teufel.»

Jedenfalls kennt sicher jeder die Situation, etwas tun zu müssen (zum Beispiel schnell noch die Hausaufgaben abschreiben), obwohl man eigentlich gar nicht will. Und dem Teufel ist es ja wohl ohnehin zuzutrauen, sich Fliegen, seine eigenen Untertanen oder sonst was einzuverleiben.

Mach den Mund zu, sonst kommen Fliegen rein. 13

Stimmt nicht ganz.

Wenn man baff ist, dann klappt einem vor Verwunderung der Kiefer runter, und man steht mit offenem Mund da. Behält man diesen verdutzten Gesichtsausdruck für längere Zeit bei, sieht das nicht immer vorteilhaft aus. Vor allem, wenn dann auch noch die Spucke anfängt, aus den Mundwinkeln zu rinnen, vermittelt man den Eindruck, weder Herr der Lage noch Herr seines eigenen Körpers zu sein. Eltern wollen meistens nicht, dass ihre Kinder allzu lange doof aus der Wäsche gucken. Das fällt ja auch immer wieder auf den Rest der Familie zurück: mangelnde Erziehung, mangelnde Bildung, mangelnde Körperbeherrschung. Deshalb der Spruch, dann bleibt wenigstens der Schein gewahrt.

Der Ursprung des Spruchs kann natürlich auch ganz woanders liegen. Alle, die hin und wieder durch ländliche Gegenden joggen oder mit dem Fahrrad durchradeln, haben das sicherlich schon selbst erlebt: Wenn man vor lauter Anstrengung nicht mehr ausreichend Luft durch die Nase bekommt und mit der Mundatmung beginnt, dann saugt man sich über kurz oder lang, vor allem, wenn man an einem Misthaufen vorbeiläuft oder über Felder rennt, ein kleines Insekt in den Rachen. Meistens reagiert der Körper ganz automatisch mit einer Hustenattacke, die das Insekt wieder raus in die freie Natur befördert, oder mit einem Schluckreflex, der das Insekt direkt in den Magen transportiert. Das bedeutet für das Tier den sicheren Tod – man selbst hat wenig zu befürchten. Es sei denn, das Insekt war eine Biene oder eine Wespe. Die haben die

Angewohnheit zu stechen, wenn sie sich bedroht fühlen. Ein Stich in den Mund kann sehr gefährlich werden. Im schlimmsten Fall schwillt der ganze Rachenraum oder die Zunge an, und man bekommt keine Luft mehr. Ohne Luftröhrenschnitt kann man dann ersticken. Deshalb sollte man immer einen Arzt aufsuchen, wenn man in den Mund gestochen worden ist. Sicher ist sicher. Bei allen anderen Insekten gilt: Guten Appetit! Insekten sind sehr reich an Proteinen und Aminosäuren, beides wichtige Bestandteile unserer Nahrung. Es ist deshalb auch kein Wunder, dass Entomophagie – also das Verspeisen von Insekten – auf der Welt relativ weit verbreitet ist. Hierzulande und in anderen westlichen Kulturen ist die Vorstellung, Insekten zu essen, für die meisten Menschen allerdings alles andere als eine appetitanregende Angelegenheit.

Und wo ich gerade von Ekel schreibe – ganz selten kommt es vor, dass Fliegen völlig freiwillig in einen Mund reinfliegen. So geschehen bei einem älteren Mann, der ein Mittagsschläfchen unter einem Baum machte. Wahrscheinlich mit offenem Mund. Jedenfalls liegt vor mir ein Foto seiner Zähne. An den Stellen, wo das Zahnfleisch die Zähne umfasst, sieht man viele kleine, weiße Fliegenlarven. Die hat eine Fleischfliege dort abgelegt, weil sie dachte, dass diese Mundhöhle der ideale Brutplatz für ihre Nachkommen sei. Normalerweise wachsen die Larven der Fleischfliegen in Kot oder Aas auf. Ich weiß nicht, welche Rückschlüsse man jetzt auf den Zustand der Zähne oder die Intensität des Mundgeruchs ziehen kann – klar ist aber, dass bei dem älteren Herrn auf diesem Foto der Elternspruch «Mund zu, sonst kommen Fliegen rein.» ganz klar seine Berechtigung gehabt hätte.

Trotz allem: Auch wenn es Fälle gibt, in denen Fliegen in offene Münder fliegen, so ist es doch meistens völlig ungefährlich, den Mund offen stehen zu lassen.

Mund zu, sonst werden die Milchzähne sauer. 14

Stimmt nicht ganz.

Wenn man Milch lange Zeit offen stehen lässt, dann wird sie sauer und schlecht. Wenn man den Mund lange Zeit offen stehen lässt, dann werden die Zähne zwar nicht unbedingt sauer, aber schlecht werden können sie schon. Dabei ist es ganz egal, ob es sich dabei um Milchzähne handelt oder um bleibende Zähne.

Was passiert eigentlich bei der Milch, wenn sie sauer wird? Milch wird deshalb sauer, weil bei der Pasteurisierung nicht alle Keime abgetötet werden. Pasteurisierung bedeutet, dass die frische Milch ganz kurz erhitzt wird, damit alle möglichen Keime, die in ihr herumschwimmen, absterben. Unter anderem macht das die Milch haltbarer.

Erfunden hat dieses Verfahren Louis Pasteur. Der lebte von 1822 bis 1895 in Frankreich. Und er hat entdeckt, dass man viele Keime und andere kleine Lebewesen, die Lebensmittel faul werden lassen, durch Erhitzen abtöten kann.

Beim Pasteurisieren der Milch werden allerdings nicht alle Keime getötet. Ganz, ganz wenige überleben – aber nur ungefähr 0,5 Prozent. Die aber produzieren weiter Milchsäure. Wenn man die Milch lang genug stehen lässt, dann wird sie ganz einfach sauer – dabei trennen sich dann das Eiweiß und das Fett von der Molke. Das ist wie stichfester Joghurt. Kann man sogar essen, wenn man ganz besondere Neigungen hat.

Milchzähne haben mit Milch nicht viel zu tun. Weder bestehen sie aus Milch, noch werden sie zu Milch, wenn man sie im Mixer zerkleinert und mit Wasser mischt.

Milchzähne heißen einfach nur deshalb Milchzähne, weil sie schon im Babymund zu finden sind, obwohl sich der junge Mensch noch gar nicht von fester Nahrung, sondern von Milch ernährt.

Die Milchzähne entstehen schon vor der Geburt im Kiefer des Embryos. Ungefähr sechs bis acht Monate nach der Geburt brechen die ersten Milchzähne dann durch das Zahnfleisch. Ich kann mich zwar nicht mehr genau daran erinnern, wie es bei mir war, aber im Allgemeinen ist dieser Durchbruch mit einer Menge Schmerz und Spucke verbunden.

Ob die Schmerzen irgendeinen Nutzen haben, kann ich nicht mit Sicherheit sagen – beim Speichel aber ist die Lage eindeutig: Spucke ist gut für Zähne!

Die äußere Schicht eines Zahns – der Zahnschmelz – gehört zum Härtesten, was der menschliche Körper zu bieten hat. Ein wichtiger Baustoff des Zahnschmelzes ist Kalzium. Damit die Zähne hart und gesund bleiben, ist es wichtig, dass sie genügend Mineralstoffe und vor allem auch Kalzium bekommen. Eine ausgewogene Ernährung kann da nach Ansicht des Zahnarztes meines Vertrauens wahre Wunder wirken. Dazu gehört Milch genauso wie gründliches Kauen. Die Milch versorgt den menschlichen Körper mit Kalzium. Und das gründliche Kauen lässt die Spucke fließen. (Da ist sie wieder!)

Die Spucke – auch Speichel oder Saliva genannt – sorgt unter anderem dafür, dass so wenig Essensreste wie möglich an den Zähnen kleben bleiben. Und – noch viel wichtiger – der Speichel hilft, das Kalzium in die Zähne einzulagern. Sie werden also dank der Spucke gestärkt und bleiben gesund.

Noch etwas ganz Entscheidendes passiert beim Essen: Der pH-Wert im Mund sinkt! Der pH-Wert gibt an, wie sauer oder basisch – «basisch» ist unter Chemikern das

Gegenteil von sauer – eine Flüssigkeit ist. Je niedriger der pH-Wert, desto saurer ist es im Mund, und desto wohler fühlen sich Mutans-Streptokokken – das sind die Bakterien, die für Karies verantwortlich sind. Die Spucke sorgt dafür, dass sich der pH-Wert nach dem Essen oder Trinken wieder normalisiert und in einem Bereich bewegt, den die Karies-Bakterien nicht so angenehm finden. Der Speichel kräftigt also nicht nur die Zähne, er macht den Mutans-Streptokokken auch das Leben schwer.

Das allerdings funktioniert alles nur, wenn man nicht ständig etwas isst oder trinkt, sondern zwischen den Mahlzeiten auch mal längere Pausen macht. Wenn man ununterbrochen futtert, bleibt es im Mund sauer, und die Zähne werden regelrecht entkalkt. Das wird auch gerne Demineralisation genannt.

Wegen all dieser Gründe ist Spucke sehr wichtig für die Zähne.

Wenn man nun aber zu den Mundatmern gehört – das sind die Menschen, die nie durch die Nase ein- und ausatmen, sondern ausschließlich durch den Mund –, dann trocknet die Mundhöhle aus. Die Spucke kann sich nicht schützend um die Zähne legen und sie dabei wieder mineralisieren. Dann ist es nur eine Frage der Zeit, bis die Zähne den Kariesbakterien nicht mehr standhalten können und richtig schlecht werden. Das allerdings betrifft alle Zähne – nicht nur Milchzähne.

15 Man muss sitzen bleiben, bis alle aufgegessen haben.

Stimmt.
   Einmal am Tag.
   Erziehungsexperten haben festgestellt, dass viele Familien überhaupt nicht mehr zusammen essen. Das schadet dem Zusammenhalt und führt dazu, dass Eltern und Kinder wenig voneinander wissen und in schwierigen Situationen nicht gut miteinander umgehen können – mangels Übung.
   Deshalb empfehlen sie, (mindestens) einmal am Tag gemeinsam zu essen. Ob Frühstück, Mittagessen oder Abendbrot, ist dafür egal. Bei dieser Mahlzeit werden Informationen ausgetauscht, sie dient nicht nur der Nahrungsaufnahme, sondern ist ein geselliges Zusammentreffen. Und natürlich bleiben alle bis zum Schluss sitzen.
   Wird der Familienplan chaotischer, zum Beispiel weil das Alter der Kinder deutlich unterschiedlich ist oder weil die Eltern im Schichtdienst arbeiten, sollte man die gemeinsamen Mahlzeiten nicht erzwingen, sondern lieber versuchen, zum Beispiel am Sonntagmorgen richtig ausführlich miteinander zu frühstücken, zu reden, das Leben zu teilen.
   Bei jeder Mahlzeit sitzen bleiben zu müssen, bis alle fertig sind, gilt mittlerweile als frustrierend streng und überholt. Wenn ein Essen übermäßig lange dauert, vor allem, wenn Erwachsene zu Besuch sind, darf man allerdings auch fragen, ob man aufstehen kann. (Tipp: Höflich und freundlich kommt man hier weiter, als wenn man versucht, so eklig zu schmatzen, dass man endlich aufs Zimmer geschickt wird.) Oder die Eltern können zum Beispiel

sagen, dass sie noch sitzen bleiben wollen, aber die gemeinsame Tafel aufgehoben ist. Je öfter man nette Zeiten miteinander verbringt und je besser man sich versteht, desto leichter wird sich dafür eine individuelle Lösung finden.

16 Du hast dir die Suppe selbst eingebrockt, dann musst du sie auch selbst auslöffeln.

Stimmt.

Im Klartext bedeutet der Spruch: «Wenn man Scheiße gebaut hat, muss man dafür auch geradestehen.» So würden das Eltern aber natürlich niemals sagen. (Ich verweise bei dieser Gelegenheit hier gerne noch einmal auf das hervorragende Buch «Scheiße sagt man nicht!». Nur um der womöglich aufflackernden Diskussion ein bisschen den Wind aus den Segeln zu nehmen.)

Redensarten mit Suppen gibt es viele. Zum Beispiel «jemandem in die Suppe spucken», «sein eigenes Süppchen kochen» oder «das Salz in der Suppe sein». Dass die Suppe sprachlich so weit verbreitet ist, liegt zum großen Teil daran, dass sie seit vielen tausend Jahren einen festen Platz im Speiseplan der Menschen hat. In der Steinzeit gab es mit breiähnlichen Speisen schon die ersten Vorläufer der Suppe. Und vor ungefähr sechstausend Jahren sollen in Mesopotamien die ersten richtigen Suppen gekocht worden sein.

Die meisten Suppensprüche erklären sich von alleine. Wer «zwei Suppen in einem Topf kocht», macht mehrere Dinge gleichzeitig – was nicht immer gut enden muss. Wem «die Suppe überkocht», der hat sich mächtig aufgeregt. Und wenn man ständig «ein Haar in der Suppe» findet, dann gehört man wohl eher zu den Menschen, die immer nur das Schlechte sehen.

Was aber bedeutet «einbrocken»? Dieses Wort kennt man ja eigentlich nur, wenn man sagen will, dass man sich in eine blöde Situation hineinmanövriert hat. Wo ist die Verbindung zur Suppe? Die Antwort ist ganz einfach:

Früher wie heute gab es den Brauch, dass die Suppe serviert und dazu Brot gereicht wurde. Das Brot konnte jeder, wie er wollte, in seine eigene Suppe bröseln – Bröckchen für Bröckchen, Stückchen für Stückchen. Jeder löffelte dann die Suppe, die er sich selbst eingebrockt – also mit Brot dicker gemacht – hatte. Wer sich zu viel Brot in die Suppe getan hatte, weil die Augen größer waren als der Bauch (siehe die entsprechende Regel), bekam auch damals schon von seinen Eltern zu hören: «Das Kind hat sich die Suppe selbst eingebrockt, dann muss es sie auch selbst auslöffeln.» Glücklich konnte sich schätzen, wer einen Hund als Haustier hatte. Unserer nahm gerne auch dick eingebrockte Suppe, wenn man sie ihm runterreichte – und wenn meine Eltern es nicht mitbekamen.

Im übertragenen Sinn bedeutet der Spruch: Wenn man ein Problem eigenhändig verursacht hat, dann muss man es selbst lösen. Es sei denn, man hat einen Hund als Haustier.

17 Voller Bauch studiert nicht gern.

Stimmt.

Ganz leerer Bauch aber wahrscheinlich auch nicht.

Ernährungswissenschaftler und Sachbuchautor Dr. Michael Hamm von der Hochschule für Angewandte Wissenschaften Hamburg erklärt: «Voraussetzung für hohe Konzentration ist ein konstanter Blutzuckerspiegel. Den erreicht man über regelmäßige kleine Mahlzeiten. Gut sind Langzeitenergiequellen wie Vollkornprodukte, wasserreiche Obstsorten und Gemüse. Was Sportler essen, ist auch gut für Gehirnjogger. Unbedingt zu vermeiden ist ein Flüssigkeitsmangel. Das Gehirn reagiert darauf ähnlich wie in einer Hungersituation: Man wird müde.»

Schweres Essen macht aber ebenfalls müde, denn das Blut wird im Bauchraum zum Verdauen gebraucht und steht dem Gehirn dann nicht zur Verfügung.

Wissenschaftler der Yale School of Medicine in New Haven (Connecticut, USA) haben zudem herausgefunden, dass zumindest bei Ratten und Mäusen das Hormon Ghrelin eine entscheidende Rolle beim Lernen und für die Gedächtnisleistung spielt. Von diesem Hormon wird tagsüber und bei leerem Magen am meisten hergestellt. Daraus schließen die Experten, dass hungrige Nager am besten lernen. Das ist auch sinnvoll, denn wer Nahrung braucht und sucht, muss möglichst gute neue Ideen haben, um sie zu finden.

Ob die Erkenntnisse auf Menschen übertragbar sind, ist noch ungeklärt, es könnte aber sein. Möglich wäre dann auch, dass dicke Schulkinder tatsächlich schlechter lernen und dümmer bleiben. Auch drückt vielleicht ein feistes Frühstück die Aufnahmefähigkeit von Schulkindern.

Allerdings ist die Geistesleistung der hungrigen Ratten ja auf das schnelle Finden von Futter gerichtet. Und da wir keine Ratten auf Fresssuche sind, lenkt uns ein knurrender Magen vom Lernziel doch eher ab.

Was also tun? Leichte Snacks sind die ideale Lösung. Obst oder Studentenfutter eignen sich am besten, um längere Zeit intensiv aufmerksam bleiben zu können.

Vor allem aber sollte man ein weiteres Sprichwort beherzigen, um immer zu wissen, was zu tun ist: «Nach dem Essen sollst du ruhn oder tausend Schritte tun.» Und eben nicht ausgerechnet studieren.

18 Da waren die Augen wieder größer als der Bauch.

Stimmt nicht.

Die Augen waren, sind und werden nie größer sein als der Bauch.

Das ist einer meiner Lieblingssprüche. Lese ich ihn, habe ich sofort den ganz besonderen Tonfall meiner Eltern im Ohr. «Na, da waren die Augen wohl wieder größer als der Bauch!» Gut, ich hatte mir mehr auf meinen Teller gepackt, als ich essen konnte. Aber erstens: Wenn man jung und hungrig ist, weiß man nicht so genau, wie viel man tatsächlich schafft. Und zweitens: Wer hat mir denn beigebracht, immer auf den Bauch zu hören und nicht weiterzuessen, wenn die Körpermitte stöhnt: «Mehr geht nicht!»? Eltern sind oft so inkonsequent.

Doch mal ganz in Ruhe und von vorne: Das durchschnittliche Auge eines erwachsenen Menschen hat einen Durchmesser von 24 Millimetern. Der Umfang beträgt knapp 75 Millimeter. Wenn man einen ganz normalen Augapfel, auf Lateinisch «Bulbus oculi», aushöhlen würde, dann hätte er ein Fassungsvermögen von 6,5 Millilitern – in Worten sechs Komma fünf Milliliter. Selbst wenn man beide Augen aushöhlt und zusammenzählt, ist das nicht viel – gerade mal 13 Milliliter.

Allein der Magen, der ja nur einen kleinen Teil des Bauchs ausmacht, kann bis zu 1500 Milliliter aufnehmen. Das bedeutet, in den Magen passt circa 115-mal so viel rein wie in zwei hohle Augen. Oder anders gesagt: Spätestens ab 116 verzehrten Augäpfeln bekommt man Bauchweh.

Der Magen spielt übrigens zusammen mit dem Gehirn eine wichtige Rolle beim Hungrigsein und Sattwerden.

Unser Körper braucht allein für die Atmung, den Herzschlag und den ganzen Rest der lebenserhaltenden Maßnahmen eine gewisse Menge Energie. Diese Energie nehmen wir beim Essen in Form von Kalorien zu uns. Wenn unser Körper Energienachschub benötigt, haben wir Hunger. Hunger hat seinen Ursprung im Gehirn – in einer bestimmten Region des Zwischenhirns, dem Hypothalamus. Von dort kommt das Signal: «Essen! Körper braucht Energie!»

Spätestens dann fangen Babys an zu schreien und bekommen ihren Brei. Wenn der Magen sich füllt und dehnt, geht ein Signal zurück ans Gehirn mit der Botschaft «Bin satt, weitere Nahrungsaufnahme verweigern!». Das ist der Moment, in dem man als fütternde Eltern Gefahr läuft, den gefüllten Breilöffel mit einem gezielten Schlag des Babys um die Ohren gehauen zu bekommen. Kleine Kinder achten sehr genau auf die Signale ihres Körpers.

Die Kinder werden älter, und die Nahrung wird fester – und beim Sattwerden wird nicht mehr so auf den eigenen Bauch, sondern eher auf äußere Reize geachtet. Die Eltern packen die Teller voll und erwarten meistens von ihren Kindern, dass er leer gegessen wird – ohne Rücksicht darauf, ob deren Körper vielleicht schon genug zu essen hatte. Kindern wird auf diese Weise beigebracht, eher auf den leeren Teller zu schauen, als auf den vollen Magen zu achten. Das haben auch Tests von Ernährungswissenschaftlern gezeigt. Wenn man Jugendlichen den Teller vollpackt, essen sie viel mehr, als wenn sie sich selbst nehmen würden. Satt zu sein hat also nicht nur mit den komplizierten Vorgängen zwischen Magen und Gehirn zu tun, sondern tatsächlich auch damit, wie leer der Teller aussieht. Das Auge isst mit.

Damit junge Menschen Auge und Bauch in Einklang bringen können, sollten Eltern es ihren Kindern überlas-

sen, sich die Essensportionen selbst zu nehmen. So lernen sie, wie viel Nahrung der Körper braucht – und wann man wirklich satt ist. Wichtig dabei ist natürlich, dass das Angebot stimmt und sich jeder aufs Essen freuen kann.

Klar kann es dabei, wie bei allen Lernprozessen, hin und wieder zu Fehleinschätzungen kommen – und auf dem Teller liegt mehr, als der Magen fassen kann. Da müssen die Eltern dann einfach mal ein Auge zudrücken.

19 Das Grüne von Tomaten und Erdbeeren ist giftig.

Stimmt. Für Tomaten.
Und stimmt nicht. Für Erdbeeren.

Das Grüne von Tomaten ist tatsächlich giftig. Sie gehören zu den Nachtschattengewächsen, ebenso wie Paprika und Kartoffel. Nachtschattengewächse dienen schon seit langem als Nahrungsmittel: Bei Ausgrabungen im südamerikanischen Chile wurden Reste von Kartoffelschalen gefunden, die etwa 13 000 Jahre alt sind. Auch Auberginen gehören zu dieser Pflanzenfamilie, werden aber viel weniger gern gegessen.

Möglicherweise geht der Name auf die unangenehme Wirkung dieser Gewächse zurück. Die speziell bei Dunkelheit stark duftenden Blüten des «Schwarzen Nachtschattens» verursachen leicht Kopfschmerzen – einen «Schaden». Daher: Nacht-Schaden.

Der krebserzeugende Stoff «Solanin» ist vor allem in Kartoffeln und Tomaten enthalten. Die höchsten Werte erreichen dabei die grünen, noch unreifen Stellen. Grüne Paprika hingegen sollen grün sein und bleiben – und sind ungefährlich.

Trotzdem stellen Kartoffeln kein wirkliches Problem mehr dar. 1943 noch lag der Solaningehalt bei drei bis 5,5 Gramm pro Kilo. Heutzutage kommen moderne Kartoffelsorten in der Schale auf 0,3 bis 0,7 Gramm Solanin pro Kilo – also nur noch ein Zehntel. Im Inneren der Knolle (dem sogenannten «Kartoffelkörper») ist es noch weniger. Beim Kochen sinkt der Solaningehalt sogar, weil ein Teil des Gifts ins Wasser abgegeben wird.

Schlecht vom Solanin wird einem allerdings erst ab

25 Milligramm, dafür müsste man mehrere Kilo ungekochte Kartoffeln essen oder ein halbes Kilo Kartoffelschalen. Und wer tut das schon?

Tomaten sind riskanter: Der Solaningehalt unreifer Tomaten liegt bei einem bis drei Gramm pro Kilo. Schon knapp hundert Gramm rohe, unreife Tomaten können daher zu Übelkeit führen. Mit rund drei Kilo grünen Tomaten würde man die für einen Erwachsenen tödliche Dosis von vier Gramm Solanin erreichen. Aber auch hier gilt: Wer isst schon ein paar Kilo unreife Tomaten?

Es reicht jedenfalls völlig, die komplett grünen Tomaten auszusortieren und aus Kartoffeln und reifen Tomaten die grünen Stellen herauszuschneiden, bei Kartoffeln auch die Keime und die sogenannten «Augen» (schwarze, harte Stellen). Das ist sowieso gut, denn alle diese Teile schmecken bitter und holzig.

In den Südstaaten der USA gibt es ein traditionelles Rezept, «Fried Green Tomatoes», nach dem sogar ein Spielfilm benannt wurde. Dafür werden grüne Tomaten in dicke Scheiben geschnitten, paniert wie ein Schnitzel und dann frittiert. Davon ist zwar noch niemand gestorben, und es wird normalerweise auch nur eine einzelne Tomate als Beilage verzehrt. Dennoch raten Ernährungsexperten mittlerweile von diesem Gericht ab.

Tomaten kommen derzeit auch in anderen Farben auf den Markt, vor allem in Gelb – das macht gar nichts. Man sollte nur auch bei diesen Varianten das Grüne herausschneiden.

Ganz anders ist es mit den Erdbeeren. Auch sie bleiben obenauf grün, wenn sie noch nicht ganz reif sind, dort finden sich aber keine Giftstoffe – grüne Erdbeeren sind nur schwer verdaulich. Haut man sich bergeweise unreife Erdbeeren rein, bekommt man Bauchweh. Das ist aber auch schon alles.

Völlig falsch ist hingegen das Gerücht, von zu viel grüner Götterspeise bekäme man Bauchweh. Ich habe es selber ausprobiert – das Resultat: keine Schmerzen, nur ein zufriedenes Rülpsen!

Beleidigte Leberwurst 20

Stimmt nicht.

Als «beleidigte Leberwurst» bezeichnet man jemanden, der zu Unrecht oder im Übermaß schmollt. Wenn man also zum Beispiel für eine Klassenarbeit nicht gelernt und nur Unsinn hingeschrieben hat und sich dann über die schlechte Note ärgert, «weil der Lehrer mich nicht mag».

Der Ursprung dieser Redewendung liegt im Altertum und Mittelalter, also zwischen 4000 vor Christus und 1500 nach Christus. In dieser Zeit war man der Meinung, die Leber sei der Sitz der Lebenssäfte und des Temperaments. Und wenn jemand eben eine «beleidigte Leber» hatte, stellte er (oder sie) sich mächtig an. Noch um 1600 fand ein Dichter: «Wer gar nicht lieben kann, der wisse, dass anstatt der Leber er faul Holz und einen Bovist hat.» (Boviste sind diese kugeligen Pilze, die staubend platzen, wenn man drauftritt.)

Eine Leberwurst wurde daraus erst in unserer Zeit, als man längst wusste, dass die Leber dafür zuständig ist, lebensnotwendige Eiweißstoffe zu produzieren und zum Beispiel Vitamine in der richtigen Menge ins Blut zu pumpen. Völlig stimmungs- und temperamentunabhängig. So erfand man nachträglich die folgende Story: Ein Metzger kocht alle möglichen Würste. Wenn sie fertig sind, nimmt er sie aus dem Topf. Weil die Leberwurst am längsten braucht und deshalb am Ende allein im Kessel bleiben muss, ist sie beleidigt und platzt schließlich vor Wut.

Tolle Geschichte. Gähn! Natürlich kann eine Leberwurst nicht beleidigt sein. Nur Menschen können das. Und deshalb antworte ich immer so, wenn mich jemand beleidigte Leberwurst nennt: «Hör auf, Lebensmittel zu anthropomorphisieren. Das macht es nicht besser.» Ich nenne diese Taktik: sich mit Fremdwörtern wehren. Die meisten Menschen verstummen ob der Schlagkraft dieses Wortes – vor allem, wenn man anthropomorphisieren sagen kann, ohne zu stocken – und weil sie oft gar nicht wissen, dass anthropomorphisieren einfach nur «vermenschlichen» heißt.

Kinder brauchen keine Vitamintabletten. 21

Stimmt. Erwachsene aber auch nicht.

«Deutschland ist kein Vitaminmangelland», erklärt die Deutsche Gesellschaft für Ernährung (kurz: DGE). «Die Vitaminversorgung kann das ganze Jahr über gesichert werden. Durch ein saisonal unabhängiges Angebot nährstoffreicher Gemüse- und Obstsorten, nährstoffreicher und relativ preiswerter Milch- und Getreideprodukte sowie ein entsprechendes Angebot an Seefisch und fettarmen Fleischsorten wird bei gesunden Personen in Deutschland ein Vitaminmangel nicht mehr beobachtet, und auch eine Vitaminunterversorgung ist bei entsprechender Lebensmittelauswahl zu vermeiden.» Prof. Dr. Helmut Heseker, Ernährungswissenschaftler an der Universität Paderborn und Präsidiumsmitglied der DGE, sagt: «Noch nie war das Angebot an qualitativ guten Lebensmitteln so reichhaltig und ganzjährig verfügbar wie heutzutage. Sich ausreichend, abwechslungsreich und vollwertig zu ernähren, ist heute einfacher denn je.»

Das gilt für Kinder wie für Erwachsene. Ausgenommen sind hierbei natürlich alle, denen ein Arzt Vitamintabletten verschreibt – zum Beispiel bei älteren Menschen Vitamin B_{12} und D oder bei Schwangeren das Vitamin B_{11}.

Die DGE hat gemeinsam mit dem «aid infodienst» unter dem Namen «optimiX» Ernährungsempfehlungen herausgegeben, die ganz klar besagen: «Angereicherte Lebensmittel wie zum Beispiel Multivitamin- oder ACE-Säfte sind bei optimiX überflüssig. Bisher werden viele Lebensmittel zusätzlich mit Vitaminen angereichert, obwohl deren Zufuhr auch ohne Anreicherung leicht möglich ist, zum Beispiel bei Vitamin C. Zudem versteckt sich in den angereicherten Lebensmitteln oft reichlich Zucker. Auch sogenannte Nährstoffsupplemente wie Vitamintabletten sind bei optimiX nicht notwendig.»

Karin Harms von «familie.de» erklärt ebenfalls: «Ganz allgemein gilt: Mit den meisten Dingen sind abwechslungsreich ernährte Kinder absolut ausreichend versorgt – Zusatzstoffe und Extra-Vitamine sind nicht notwendig.» Denn unsere Nahrung enthält auch so alles Wichtige. Es kommt nur auf den richtigen Mix an. Sie empfiehlt:

- Frischkost! «Wer viel Frisches, Fisch, Vollkorn- und Milchprodukte isst, braucht keine Vitamin- und andere Präparate.» Außer, der Kinderarzt verschreibt Vitamin D für feste Knochen und Fluor für starke Zähne.
- Wenig tierisches Fett! «Kritisch im Auge behalten sollten Eltern den Fett- und damit den Kaloriengehalt der Mahlzeiten.» Denn vor allem tierisches Fett (Wurst, Käse, Fleisch, Butter, Joghurt …) wird deutlich zu viel gegessen.
- Fettarme Milch reicht! Der Kalziumgehalt ist derselbe wie der von vollfetter Milch (und zum Wachsen braucht man das Kalzium, nicht das Fett).
- Zu jeder Mahlzeit ein Getränk!
- Zu jeder Mahlzeit ein Stück Obst oder Gemüse! «So sind die empfohlenen fünf Portionen pro Tag kein Problem.»

Und sogar Vitamintablettenanbieter selbst erklären: «Die Formel ‹Fast Food + Vitamintabletten = gesund› geht leider nicht auf.» Offiziell sind die Vitaminbomben deshalb auch «Nahrungsergänzungspräparate». Und weil die als Lebensmittel gelten und nicht als Arzneimittel, muss ihre Wirksamkeit nicht nachgewiesen werden.

Schade eigentlich. Die Gesundheit war immer ein guter Grund, sich ein bis zwei Tütchen Vitamin-Gummibärchen reinzuwürgen.

Ein Apfel nach dem Essen erspart das Zähneputzen.

Stimmt nicht.

Ganz automatisch kommt mir bei diesem Elternspruch was hoch – keine Sorge, es sind nur Erinnerungen an eine alte Zahnpasta-Fernsehwerbung. Sie beginnt mit einem besorgt schauenden Zahnarzt, der seinem Patienten auf dem Stuhl die traurige Nachricht übermitteln muss: «Alle Ihre Zähne sind in Ordnung. Nur Ihr Zahnfleisch geht zurück!» (Ich dachte immer: Na und? Hauptsache, er hat überhaupt nicht gebohrt. Aber ich war ja noch jung und unerfahren.) Der Patient auf dem Stuhl hatte Parodontose – das war schon damals so eine typische Erwachsenenkrankheit, bei der im Endstadium die Zähne ausfallen. Wenn man nicht das Ruder herumreißt und auf die richtige Zahnpasta setzt. Im Werbespot dauerte es dann nicht lange – gerade mal drei Sekunden –, und der Patient biss in einen frischgrünen Apfel und zeige seine strahlenden Zähne. Und dann präsentierte er auch noch stolz das weiße Apfelfruchtfleisch und freute sich riesig, denn der Apfel zeigte nicht den kleinsten Zahnfleischblutstropfen. Die Parodontose, fachmännisch für Zahnfleischentzündung, war gebannt, und die dritten Zähne ließen noch ein bisschen länger auf sich warten.

Spätestens mit dieser Werbung setzten anscheinend viele Eltern gesunde Zähne mit Äpfeln gleich. Das wundert nicht – man hat ja auch ein frisches Gefühl im Mund, nachdem man einen Apfel gegessen hat. Genau wie nach dem Zähneputzen.

Aber – und jetzt ein Wortwitz, der sich erst etwas entfalten muss, bevor er richtig wirkt – das mit dem Apfel ist Käse. Denn dummerweise bewirkt ein Apfel im Mund etwas ganz anderes als eine Zahnbürste mit Zahnpasta. Ein Apfel massiert zwar beim Essen auch das Zahnfleisch, genau wie eine Zahnbürste. Aber im Gegensatz zu diesem ärztlich anerkannten, täglich einzusetzenden Zahnreinigungsinstrument enthält ein Apfel Säure. Fruchtsäure, genauer gesagt.

«Na und?», höre ich jetzt den ein oder anderen denken. Berechtigte Frage.

Der Zahnschmelz unserer Zähne ist sehr hart. Das liegt unter anderem am Kalzium, das im Zahnschmelz steckt. Trifft nun Säure auf Kalzium, passiert was ganz Tolles. Dazu ein kleiner Versuch. Für den braucht man ein rohes Ei und ein Glas voll Essigessenz.

Das Ei soll der Zahn sein. (Die Ähnlichkeit ist ja auch verblüffend: ähnliche Farbe, ähnliche Form – und die äußere Hülle enthält Kalzium.) Die Essigessenz soll die Fruchtsäure im Apfel sein. (Wer es noch nicht wusste: Essigessenz enthält eine Menge Säure – Essigsäure.)

Wie stabil so ein Ei ist, lässt sich ganz einfach herausfinden. Wenn die Schale unversehrt ist und keine Risse hat, dann schafft es niemand so ohne weiteres, das Ei zu zerdrücken. Ich lasse mich gerne für ein paar Momente weglegen, damit es jeder probieren kann. Und immer feste drücken.

Ich hab Zeit.

Papier ist geduldig.

Ah, da sind Sie ja schon wieder, werte Leserin, werter Leser! Dann kann ich ja weiterschreiben. Ich wette, niemand hat es geschafft, das Ei zu zerdrücken. (Und wenn doch, dann gab es wahrscheinlich eine große Sauerei. Tut mir leid. Ich hätte wahrscheinlich vorher darauf hinweisen sollen, dass man Eier am besten in einem Waschbecken zu zerdrücken versucht.)

Jetzt bitte mal das komplette Ei in das Glas mit der Essigessenz legen. Es dauert nicht lange, dann sieht man viele kleine Bläschen, die sich auf der Schale bilden. Die Säure der Essigessenz zersetzt das Kalzium, das in der Eierschale steckt. Dabei entsteht Kohlendioxid, das Gas, aus dem die Bläschen sind. Es dauert ein paar Tage, dann hat die Säure ganze Arbeit geleistet: Die Eierschale ist komplett aufgelöst.

Jetzt kann jeder nochmal den ersten Teil des Versuchs wiederholen – das Ei lässt sich nun viel leichter zerdrücken. So leicht, dass es fast schon lächerlich ist.

Genau das – nur weniger spektakulär – passiert mit unseren Zähnen, wenn sie mit Säure in Berührung kommen. Glücklicherweise sorgt unsere Spucke beim und nach dem Essen dafür, dass die Säuren, die auf unsere Zähne einwirken, sie nicht komplett aufweichen. (Siehe auch: «Mund zu, sonst werden die Milchzähne sauer.») Aber immerhin werden die Zähne kurz nach dem Essen etwas anfälliger für Kariesbakterien, die sich in einer sauren Umgebung richtig wohlfühlen. Benutzt man nun einen Apfel, um sich nach dem Essen die Zähne zu «putzen», wird es im Mund noch saurer, und die Bakterien haben noch leichteres Spiel.

Zahnärzte empfehlen deshalb Folgendes: Nach dem Essen nicht sofort die Zähne putzen, sondern mindestens eine halbe Stunde warten, bis sich der Säurewert im Mund wieder etwas normalisiert hat. Oder man kaut nach dem Essen Kaugummi. Das sorgt für viel Spucke im Mund, die die Säuren neutralisiert. Oder man isst einfach ein Stück Käse. Das hat viele Vorteile: Im Käse stecken Kalzium und Phosphat, also dieselben Mineralstoffe, die auch für harte, gesunde Zähne sorgen. Auch der Käse sorgt für vermehrte Spuckeproduktion. Und zu guter Letzt legt sich dank des Käses eine Art Schutzfilm aus Fett um die Zähne – Bakterien haben es da schwer durchzukommen.

Wenn man also aus dem Apfel einen Käse macht, dann stimmt der Elternspruch. (Und endlich fällt der Wortwitzgroschen!)

23. Im Dunkeln lesen verdirbt die Augen. Und: Unter der Bettdecke lesen macht blind.

Stimmt. Und stimmt nicht.

Um diese Angelegenheit genau unter die Lupe nehmen zu können, müssen wir erst mal untersuchen, wie so ein Auge eigentlich funktioniert. Ganz vorne sitzen die Hornhaut und die vordere Augenkammer. Dann kommen Pupille und Iris, und dahinter befindet sich eine elastische Linse. Gegenüber der Linse ist die Netzhaut. Die Linse hängt an ungefähr 80 Haltefäden, die Zonulafasern heißen. Die wiederum sind am Ziliarmuskel befestigt. Die Linse und dieser Ziliarmuskel sind diejenigen Teile des Auges, die für das Nah- und Weitsehen zuständig sind.

Guckt man sich einen weit entfernten Berg an, dann entspannt sich der Ziliarmuskel. Wenn der sich lockert, zieht er an den Zonulafasern, die wiederum an der Linse ziehen, und die wird dadurch breiter und flacher.

Genau andersherum ist es beim Lesen. Da spannt sich der Ziliarmuskel an, die Zonulafasern geben nach, die Linse kann sich stärker krümmen. Das klappt auch unter der Bettdecke, prima!

Wer sich das jetzt nicht so gut vorstellen kann, nimmt sich bitte eine Frischhaltetüte, füllt sie mit Wasser und verschließt sie. Jetzt bitte die Tüte oben und unten festhalten. Die Frischhaltetüte soll die Linse unseres Auges sein – die Hände sind der Ziliarmuskel. Je nachdem, wie stark man die Enden der Tüte auseinanderzieht oder zusammendrückt, ändert sich die Form der Tüte. Mal ist sie lang und flach, mal ist sie gestaucht und bauchig. Die Linse hat also eine unterschiedliche Krümmung. Mal kann man gut hindurchsehen, mal sieht alles total krumm und schief aus. Auf diese Weise kann die Linse die Schärfe immer wieder so anpassen, dass die Lichtstrahlen gebündelt auf die Netzhaut treffen. Dann ist das Bild, das man sieht, scharf.

Aber: Je weniger Licht, desto mehr Arbeit haben die Sehzellen auf der Netzhaut damit, Informationen ans Gehirn weiterzugeben. Außerdem ist das Buch beim Lesen unter der Bettdecke meistens ganz besonders nah dran. Das ist für das Auge schon ganz schön anstrengend und kann bei sehr häufigem und sehr langem Lesen im Halbdunkel dazu führen, dass der Augapfel etwas in die Länge wächst, um den dauernden Stress auszugleichen. So wie man im Fitnessstudio den Körper trainiert, sich an immer höhere Gewichte zu gewöhnen, trainiert man das Auge auf diese Weise, immer besser darin zu werden, im Dunkeln auf ganz kurze Entfernungen zu lesen. Leider verschlechtert sich dabei zugleich die Fähigkeit, auf weite Entfernungen zu gucken. Das heißt dann «Kurzsichtigkeit» – Gegenstände, die kurz vorm Auge sind, kann man scharf sehen, alles, was weiter weg ist, sieht man unscharf.

Denn normalerweise werden die Lichtstrahlen, die durch die Pupille und die Linse ins Auge fallen, exakt auf der Netzhaut gebündelt, wo sie ein scharfes Bild ergeben. Ist jemand kurzsichtig, dann werden diese Lichtstrahlen ein kleines Stückchen vor der Netzhaut vereinigt. Dadurch wird das Bild unscharf. Gleichzeitig ist es dann aber für das Auge weniger anstrengend, etwas zu erkennen, was ganz besonders nah dran ist.

Nun kann man natürlich sagen: Ist mir doch egal. Aber am Ende musste ich die Brille tragen und nicht meine Mutter. (Wobei sie auch eine hat – und ich frage mich gerade, was sie wohl so alles im Dunkeln gelesen hat.) Blind ist aber keiner von uns beiden davon geworden.

Ich empfehle trotzdem, auf Nummer sicher zu gehen. Der Trick hat damals schon mit meinem Kassettenrecorder geklappt, und heute geht es mit einem tragbaren CD-Player oder einem MP3-Player bzw. -Handy natürlich auch: Wünscht euch einfach ein Hörbuch, oder leiht euch eins aus der Bücherei, das schont die Augen, und ihr könnt es über oder unter der Decke anhören, mit Licht oder ohne, ganz wie ihr wollt. (Und wer weiß – vielleicht lese ich euch gerade diese Zeilen vor.)

24
Es macht so lange Spaß, bis einer ein Auge verliert.

Stimmt.

30 Prozent aller Augenverletzungen betreffen Kinder. Die häufigsten Ursachen: Brandwunden durch Feuerzeuge, Kerzen, Feuerwerkskörper. Verletzungen durch umherfliegende Splitter. Und Stichwunden durch Äste.

Mütter von Schulfreunden haben den Spruch immer gebracht, wenn wir Jungs rauften oder mit Stöcken oder Schwertern Ritter spielten. Oder mit Erbsen- oder Knallpistolen aufeinanderschossen. Und recht hatten sie. Spaß hat es gemacht!

Glücklicherweise hat niemand dabei ein Auge verloren. Aber als mir ein Arzt mal erklärt hat, wie schnell man erblinden kann, habe ich mich ganz schön erschrocken.

Denn im Beruf geschehen durch bessere Sicherheitsmaßnahmen immer weniger Augenverletzungen. In der Freizeit aber ist das Risiko gleich geblieben. Einmal den Tennis- oder Squashball voll aufs Auge, und man kriegt noch eine gelbe Armbinde mit drei schwarzen Punkten drauf umsonst dazu. Zurückschnellende Äste, wenn man durchs Unterholz stapft, sind höchst gefährlich (ebenso wie Ast-Schwerter). Dabei muss gar nicht immer der ganze Augapfel wie beim Schaschlik aufgespießt werden. Eine dicke fette Scharte, die sich entzündet, reicht völlig. Deshalb: Im Zweifelsfall immer sofort zum Arzt! Ist mir letztens selbst passiert: Der Ast schnellte unter meiner Brille hindurch ins Auge. So schnell konnte ich gar nicht blinzeln. In der Augenklinik verschrieb mir die nette Ärztin ein Antibiotikum und ein Fungizid (das ist ein Arzneimittel gegen Pilze, weil man nie so genau weiß, was sich auf Ästen so alles rumtreibt). Sich diese Salben ins Auge zu schmieren ist auch was ganz Tolles.

Verletzungen durch Sektkorken und Golfbälle haben übrigens deutlich zugenommen, wenn auch nicht unter jungen Menschen. Wer jetzt jedoch denkt, er sei reaktionsschnell genug, um das Auge schnell zuzukneifen, überschätzt sich maßlos: Denn ein Sektkorken braucht aus der Flasche bis ins Auge nur 0,05 Sekunden. Das ist etwa fünfmal zu flott für den Lidschutzreflex (der mit 0,25 Sekunden immer noch verdammt fix funktioniert).

In diesem Sinne: Aufgepasst und Augen auf! Damit man, wenn doch mal einer eins verliert, wenigstens weiß, wo es hingerollt ist!

Vom Haarefärben kriegt man Krebs. 25

Stimmt nicht. Nach heutigem Wissensstand.

Diese Behauptung basiert auf der Tatsache, dass in Haarfärbemitteln Chemikalien drin sind (deshalb stinkt es auch so), und der Annahme, dass Chemikalien ja wohl schlecht für den Körper sein müssen – also: Krebsrisiko. Vor allem Blasenkrebs soll durchs Haarefärben häufiger auftreten, heißt es.

Wissenschaftlich lässt sich das aber nicht erhärten.

Immerhin: Etwa jede dritte Frau und jeder zehnte Mann in Industrieländern färben sich die Haare. US-Forscher wollen ermittelt haben, dass jahrelanges Haarefärben das Blasenkrebsrisiko verdoppelt. Nun ist Blasenkrebs selten. In Deutschland erkranken jedes Jahr 30 von 100000 Menschen daran. Würde sich dieses Risiko verdoppeln, wären es 60 von 100000 Haarefärbern. Da ist es schon verdammt schwer nachzuweisen, woran das liegen könnte.

Angeblich werden «aromatische Amine» über die Kopfhaut aufgenommen, ins Blut eingespeist und in der Leber wieder ausgefiltert. Aromatische Amine sind wichtige Chemikalien, um Farbstoffe zu erzeugen (aber auch viele andere Dinge wie Schmerzmittel zum Beispiel). Haarfärbemittel muss man immer direkt vor der Anwendung mischen, weil sie sonst nicht funktionieren. Es gibt unheimlich viele verschiedene von diesen aromatischen Aminen, und von einigen glaubt man, dass sie krebserregende Substanzen erzeugen. Die könnten dann über die Kopfhaut in den Körper gelangen und mit dem Urin wieder ausgeschieden werden. Deshalb kommt man auch ausgerechnet auf Blasenkrebs (denn in der Blase wird ja der Urin gesammelt). Völlig unklar ist allerdings, ob die entscheidenden Schadstoffe wirklich aus dem Haarfärbemittel stammen – und nicht sonst woher. Denn aromatische Amine sind überall, in Abgasen, gefärbten Textilien, Kosmetika, Tabakrauch ...

Harald Esser, Vorsitzender des Landesinnungsverbandes Friseur & Kosmetik Nordrhein in Köln, ist sicher: «Ein Friseur sollte zwar mit Köpfchen am Kopf arbeiten, aber er arbeitet immer nur auf dem Kopf. Wären Haarfärbemittel gesundheitsgefährdend, wären Friseure ja besonders gefährdet, das ist aber nicht so.»

Bis in die achtziger Jahre des zwanzigsten Jahrhunderts hinein wurden in Haarfärbemittel noch Stoffe gemischt, die heute als gefährlich gelten. Die Berufsgenossenschaft für Gesundheitsdienst und Wohlfahrtspflege ermittelte, dass zwischen der (womöglich) risikoauslösenden Situation und der Erkrankung im Durchschnitt 38 Jahre vergehen. Das bedeutet: Auch heute noch treten Krebsfälle auf, die möglicherweise auf Färbemittel aus den Achtzigern des letzten Jahrtausends zurückgehen. Heutzutage werden andere Chemikalien verwendet, und wer ganz sichergehen will, verwendet die jeder Packung beiliegenden Handschuhe, um den Hautkontakt zu minimieren.

Denn Haare, das nur mal zwischendurch, sind tot. Zwar will uns die Werbung mit teuren Spots weismachen, unser Haar müsse nur mit einem schicken Shampoo zum Leben erweckt werden, aber Haare sind ganz einfach nur lange, dünne Hornfäden – im Grunde wie sehr dünne Fingernägel. Deshalb tut es auch nicht weh, wenn einem die Haare geschnitten werden.

Ein Haarfärbemittel ist also eine Art Nagellack fürs Haar, wird aber von den Haaren nicht etwa in den Körper hineingesogen. Mit der Kopfhaut kommt es nur für kurze Zeit in Berührung, und auch dadurch besteht heute keinerlei Gefahr, wie Birgit Huber vom Industrieverband

Körperpflege- und Waschmittel e. V. betont: «Die Verbraucher kaufen sichere Produkte.» Eine ganze Reihe aktueller wissenschaftlicher Veröffentlichungen lassen keinen Zusammenhang zwischen Blasenkrebs und Haarfärbemitteln mehr erkennen. Frau Huber ist allerdings auch dafür da, das zu sagen – ihr Verband wird finanziert von den Herstellern von Körperpflegemitteln, Wasch- und Reinigungsmitteln, Pflegemitteln und Hygieneerzeugnissen.

Deutlich größer als jedes mögliche Krebsrisiko ist allerdings die Gefahr allergischer Reaktionen. In Haarfärbemitteln sind eine Menge Chemikalien, die miteinander vermischt werden und auf dem Kopf neue Verbindungen eingehen. Darauf reagiert manche Haut allergisch. In einem solchen Fall kann sich der Test von Naturfarben lohnen.

Oder man macht's wie ich und hat einfach von Geburt an göttlich schönes Haar! (Dass ich Perücke trage, ist nur ein Gerücht. Abgesehen von dem einen Mal – aber das war beruflich.)

Leichte Schläge auf den Hinterkopf erhöhen das Denkvermögen.

Stimmt nicht.

So war es früher: Der Lehrer steht hinter dem schlechtesten Schüler in der Klasse und haut ihm frustriert gegen die Rübe. Der Kopf knallt aufs Pult. Auch Jahre später noch wird der Trottelschüler sich daran erinnern, dass zwei plus zwei gleich vier ist und nicht etwa «drei oder so, ist mir doch egal».

Das ist heute verboten. Und war, ehrlich gesagt, auch keine gute Lehrmethode. Denn dann müsste man ja für jede Info, die man bekommt, eine Tracht Prügel kassieren ...

Vielleicht glaubte man auch, das verrostete Hirn durch einen Klaps wieder «in Gang setzen» zu können. So wie ich das hin und wieder ganz fachmännisch mit meinem alten Fernseher mache, wenn das Bild wieder mal richtig schlecht ist.

Es könnte auch sein, dass der Spruch bereits aus dem Mittelalter stammt. Weil damals kaum jemand schreiben konnte, wurden Verträge vor Zeugen geschlossen. Je jünger der Zeuge, desto länger konnte er berichten, was vereinbart worden war. Damit das Ereignis aber wirklich unvergesslich blieb, gab's eine Tracht Prügel dazu. Oder der Jüngling wurde kräftig am Ohr gezogen. (Daher auch die Redewendung «sich etwas hinter die Ohren schreiben».)

Hm. Denkwürdig – ja. Menschenwürdig – nein.

Und außerdem ... äh, was wollte ich denn jetzt sagen???

Patsch! Patsch!

Ach ja, jetzt ist's mir wieder eingefallen ...

(Kleiner Scherz. In Wahrheit hatte ich natürlich gar nicht vergessen, was ich sagen wollte.)

Verträge kann man inzwischen schriftlich abfassen. Und mittlerweile hält man nicht mehr viel vom Prügeln als Erziehungsmaßnahme. Gott sei Dank. Zumal es bei kräftigen Schlägen sogar zu schlimmen Kopf- und Hirnverletzungen kommen kann!

Wenn die «Denkmaschine» wirklich mal hakt, bringen also weder leichte noch heftige Schläge sie wieder zum Laufen. Das wäre ja so, als hätte man eine Uhr, die nicht genau geht. Und dann schmeißt man sie auf den Boden, damit sie heil wird. Das klappt erfahrungsgemäß auch nicht.

Als hilfreich gegen Denkblockaden hat sich hingegen ein Szenenwechsel erwiesen – und Bewegung. Also: Wenn einem der richtige Gedanke nicht kommen will, einfach mal 'ne Runde um den Block laufen! Vielleicht in die örtliche Bibliothek gehen. Und dort nachschlagen, wer noch mal die Peripatetiker waren – und was die so gemacht haben.

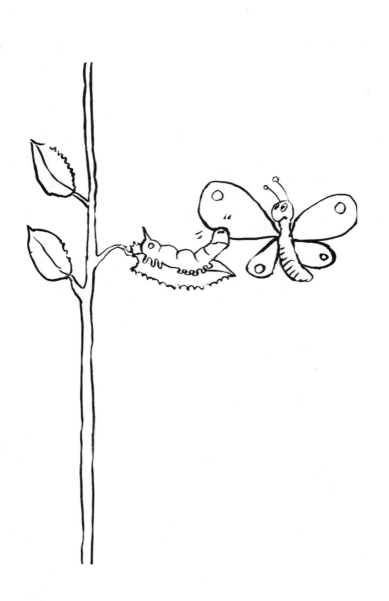

27 Nie lernst du so leicht wie jetzt.

Stimmt.

Junge Menschen lernen wirklich leichter und schneller. Aber: Ältere Menschen können immer noch dazulernen. Sogar neue Fremdsprachen kann man sich im Oma-Alter aneignen! Es dauert nur länger. Kann aber dennoch viel Freude bringen – 25000 Seniorstudenten in den ohnehin schon überfüllten Hörsälen der Universitäten zeugen von der Freude am Lernen.

Medizinische Tests mit Studenten und Rentnern haben ergeben, dass die Älteren sogar am Computer genauso gut abschneiden wie die Jüngeren. Sie brauchen allerdings eine Weile, bis sie verinnerlicht haben, was zu tun ist. Es stellt natürlich auch eine Hemmschwelle dar, sich mit neuen Dingen zu beschäftigen. Und darum können Großeltern so selten E-Mails schicken oder Computerspiele spielen – weil es anstrengend für sie ist, zu kapieren, wie es geht. Also lassen sie es lieber sein und hören stattdessen Oldiesender im Radio.

Erstaunt stellten die Wissenschaftler aber auch fest, dass Jugendliche ganz anders motiviert sind als Rentner. Die jungen Versuchsteilnehmer lösten Aufgaben konzentrierter und schneller, wenn es etwas zu gewinnen gab. Den Senioren war das egal, sie schnitten bei Testrunden mit und ohne Belohnung gleich gut ab.

Man vermutet nun, dass sie im Laufe des Lebens gelernt haben, weniger zu erwarten und nicht auf eine ungewisse Zukunft zu vertrauen, sondern sich erst zu freuen, wenn der Erfolg wirklich eingetreten ist. Das Gleiche besagt auch der beliebte Spruch: «Lieber den Spatz in der Hand als die Taube auf dem Dach.» – Der Spatz ist ein ziemlich kleiner Vogel, deutlich kleiner als eine Taube, aber besser, man hat einen kleinen Spatzen, als es sitzt eine dicke Taube auf dem Dach, an die man nicht rankommt. Wobei etwas unklar bleibt, was mit den Piepmätzen eigentlich passieren soll. Mittagessen?

Egal, jetzt geht es ja nicht um Vögel, sondern ums Denken. Und da hat man noch etwas Erstaunliches festgestellt. Nämlich dass man selbst im hohen Alter das Gehirn noch trainieren kann. Es ist zwar kein Muskel, wächst aber – wörtlich – mit den Anforderungen. Das wurde getestet, indem man Jugendliche täglich mindestens eine Minute mit drei Bällen jonglieren ließ. Nach einiger Zeit war die für den Gleichgewichtssinn, die Wahrnehmung, die Reaktionsfähigkeit und die Geschicklichkeit verantwortliche Gehirnregion deutlich größer. Dann ließ man Rentner ein paar Wochen lang täglich Jonglieren üben. Sie stellten sich zwar insgesamt viel ungeschickter an und brauchten auch länger, bis alle Bälle wenigstens eine Weile lang in der Luft blieben. Aber das Hirn wuchs ebenso wie bei den jüngeren Teilnehmern.

Das heißt: Auch im hohen Alter kann sogar Gehirnmasse nachwachsen, wenn sie gebraucht wird!

Dumm nur, dass der gesamte Zuwachs nach Trainingsende ebenso schnell wieder abgebaut wurde, wie er zuvor entstanden war.

Forscher vermuten, dass Senioren Informationen nicht so schnell abspeichern können, liege unter anderem daran, dass man später im Leben versucht, alles schon Gelernte mit dem Neuen in eine Beziehung zu setzen, was bei der Einordnung und Einschätzung hilft, also zu einer größeren Weisheit führt, aber eben immer länger dauert, je älter man ist und je mehr man weiß. Das war sehr sinnvoll, solange die äußeren Umstände lange Zeit unverändert blieben. Da aber heute andauernd neue Technologien erfunden wer-

den, ist dieses Muster nicht mehr hilfreich, sondern wird eher als störend empfunden. Nachweisen kann man, dass reine Logikaufgaben von jüngeren Menschen schneller und oft auch besser bewältigt werden, komplexe Lebensprobleme aber mit einer gewissen Erfahrung leichter zu lösen sind. Deswegen werden in den Naturwissenschaften die größten Leistungen von Nachwuchsforschern erbracht, in den Sozialwissenschaften jedoch von 40- bis 50-Jährigen. Man sagt auch: Die «fluide» Intelligenz (das Kurzzeitgedächtnis) nimmt ab, die «kristalline» Intelligenz (Erfahrungswissen, Sachwissen) nimmt zu.

Wie gut und leicht sich eigentlich alles speziell bei jungen Menschen einprägt, kann man auch daran erkennen, dass es als ein Zeichen des nahenden Todes gilt, wenn alte Menschen anfangen, nur noch aus der frühesten Kindheit zu berichten. Sie wissen dann nicht mehr, was sie gerade zu Mittag gegessen haben, können sich aber noch ganz genau an ihren Sandkastenfreund und diesen schönen sonnigen Spätsommertag vor achtzig Jahren erinnern.

Das zu erleben kann ein wenig beängstigend sein, aber auch rührend. Denn oft fallen dann auch viele «erwachsene» Abwehrtechniken weg, und man kommt dem Herzen desjenigen noch einmal ganz nah.

28 Träume sind Schäume.

Stimmt nicht.

Gemeint ist mit diesem Spruch, dass Träume – vor allem Tagträume und Wunschträume – zerplatzen wie Seifenblasen. Man soll sich also nicht auf sie verlassen.

Und auch die nächtlichen Träume seien eben reine Phantasiegebilde, die man am besten ignoriert.

Inzwischen weiß man es aber besser. Traumforscher haben herausgefunden, dass alle Menschen träumen (auch diejenigen, die sich nicht daran erinnern können). Das ist für unser Unterbewusstsein auch wichtig, denn so verarbeiten wir im Schlaf ungelöste Probleme. Sie werden in eine Art Symbolsprache übersetzt, wie ein Märchen. Wenn man also zum Beispiel davon träumt, versehentlich nackt in die Schule zu gehen, dann fürchtet man sich nicht wirklich davor, sondern hat vielleicht Angst, sich bei einem Referat zu blamieren.

Oft können Nachtträume auch helfen, die Ursache von drückenden Ängsten zu finden. Dabei ist ein Traumtagebuch sehr nützlich, in das man jeden Morgen noch vor dem Aufstehen schnell den letzten Traum notiert.

Tagträume oder Wunschträume hingegen können ungeheure Motivationskräfte freisetzen. Wer zum Beispiel davon träumt, eines Tages ein bekannter Fernsehmoderator zu werden, liest alle Artikel darüber, informiert sich gut, kennt sich mit den verschiedenen Sendern und Programmen aus, geht vielleicht zu Castings … tut also alles, um den Traum Wirklichkeit werden zu lassen!

Und beherzigt natürlich auch meinen Geheimtipp für angehende TV-Stars: Die Brille macht's!

Schöne Träume!

29 Man bekommt Wasser aus dem Ohr, indem man auf einem Bein hopst.

Stimmt.

Der Gehörgang wird nach innen zum Trommelfell hin immer kleiner, wie ein Trichter. Außerdem geht er um die Kurve. Da kann sich ein Wassertropfen schon mal sozusagen «festklemmen». Oft passiert das immer wieder im selben Ohr, weil dort der Gehörgang eben ein ganz klein wenig anders geformt ist als auf der anderen Seite.

Es gibt viele Möglichkeiten, das Wasser wieder aus dem Ohr zu bekommen. Wer Geduld hat, kann einfach abwarten. Spätestens in der Nacht wälzt man sich irgendwann von der einen Seite auf die andere, und das Tröpfchen rollt unbemerkt heraus.

Meist reicht es jedoch schon, den Kopf einen Augenblick lang zur Seite zu neigen (wasserdichtes Ohr nach unten). Wenn das nichts bringt: Vorsichtig oben an der Ohrmuschel ziehen, dann wird der Gehörgang ein klein wenig begradigt. Und hopsen, am besten auf einem Bein (dem auf der Wasser-Seite), dann steht man noch ein wenig schiefer, und die Schwerkraft wird durch Trägheit unterstützt.

Was auch funktioniert: Wasser ins Ohr laufen lassen, zum Beispiel unter der Dusche. Dann den Kopf kippen und das Ohr zum Boden neigen. Das neue Wasser hat sich mit dem alten Tropfen vermischt, und jetzt läuft alles zusammen raus.

In Sportfachgeschäften und Apotheken gibt es säure- oder alkoholhaltige «Taucher-Ohrentropfen». Sie mindern die Oberflächenspannung des Restwassers, sodass es ablaufen kann. Leider trocknen sie aber auch die Haut aus, sodass sie auf die Dauer nicht unbedingt zu empfehlen sind.

Was gar nichts bringt, sind Gähnen oder das vorsichtige «Durchpusten» des Ohrs mit zugehaltener Nase. Das hilft nur beim Tauchen oder Fliegen, wenn das Druckgefühl auf der Innenseite des Trommelfells entsteht und dann natürlich auch dort ausgeglichen werden muss. Auch ins Ohr zu föhnen bringt einem nichts, höchstens eine schöne Verbrennung, wenn man zu nah rangeht. Auch sollte man nicht versuchen, das Wasser mit einem Wattestäbchen rauszusaugen, denn dabei kann man leicht das Trommelfell verletzen.

Wer das Problem häufig hat, sollte vorbeugen, denn im Ohr wird das Wasser kuschelig warm, sodass sich Krankheitserreger prima vermehren können und man leicht eine Entzündung bekommt. Alter Tauchertrick dagegen: Vor dem Schwimmen ein bis zwei Tropfen Olivenöl ins Ohr laufen lassen, das pflegt nebenbei die Haut, und das Wasser perlt ab und läuft leichter heraus.

Es kann auch sein, dass man unheimlich viel Schmalz im Ohr kleben hat, das den Gehörgang blockiert, dann muss schlimmstenfalls mal der Arzt ran und das Zeug rausholen. Ist das nicht der Fall, kann man spezielle Ohrstöpsel für Schwimmer benutzen, die es in Sportläden gibt. Oder man trägt eine wasserdichte Badekappe und behauptet ganz einfach, das wäre der neueste Trend aus Hollywood.

Eine Ohrfeige hat noch keinem geschadet. 30

Stimmt nicht.

Ein Relikt aus Zeiten, in denen Schläge als Erziehung galten. Dabei sind Ohrfeigen sogar besonders demütigend, weil einem der Gegner ins Gesicht grinst.

Bei kräftigen Schlägen kann das Trommelfell platzen, in schlimmen Fällen können sogar Hirnschäden entstehen; immer noch sterben etwa 100 bis 200 Kinder pro Jahr an der körperlichen Misshandlung durch die Eltern. Vor allem aber kommt es zu seelischen Narben. Denn wenn einen die Menschen ohrfeigen, die man am meisten liebt und denen man bedingungslos vertraut – was ist dann noch sicher?

Heutzutage soll der Spruch meist die Scham von Eltern verstecken, die genau wissen, dass es nicht in Ordnung ist, Kinder zu schlagen, und es trotzdem tun. Meist selten, im Zorn oder vor Erschöpfung, «rutscht ihnen die Hand aus» – und dann versuchen sie sich einzureden, *eine* Ohrfeige habe noch keinem geschadet.

Hat sie aber wohl. Und die Erfahrung zeigt: Es bleibt nie bei einer. Das ist wie auf dem Schulhof. Es sind immer dieselben Typen, die sich prügeln. Wer Gewalt einmal für eine Lösung hält, tut das in einer ähnlichen Situation nächstes Mal wieder. Motto: «Wer nicht hören will, muss fühlen.»

Das führt, aus Elternsicht, sogar erst mal zum Erfolg. Das Kind tut, was es soll, weil es die Schläge fürchtet.

Es kuscht aber nur, duckt sich, verdrückt sich. Macht vielleicht im Geheimen weiter, was die Eltern verboten haben. Einsicht, Verständnis – Fehlanzeige. Eher wird der Geschlagene versuchen, seine Trauer zu unterdrücken, zum Beispiel durch Alkohol oder Drogen. Wenn das rauskommt, gibt es aber erfahrungsgemäß wieder Schläge ...

Tatsächlich ist es so, dass junge Menschen seit November 2000 das Recht auf eine gewaltfreie Erziehung haben. (Für die, die Jura studieren oder einfach nur Eindruck schinden wollen: § 1631 Abs. 2 Satz 1 BGB – das heißt: Bürgerliches Gesetzbuch – neue Fassung.) Andererseits schätzen Experten, dass etwa ein Drittel aller Eltern trotzdem ihr Kind zumindest ab und zu schlagen – obwohl sie das offiziell ablehnen. Immerhin: Vor zehn Jahren waren es noch 90 Prozent. Die Situation wird also besser.

Meist wurden Eltern, die heute zuschlagen, als Kinder selbst geprügelt. Ihnen ist es vielleicht peinlich, damals Angst gehabt zu haben und auch heute noch traurig zu sein. Auch deshalb behaupten sie sich selbst gegenüber, eine Ohrfeige habe noch keinem geschadet (– auch ihnen nicht). Obwohl die meisten von ihnen spüren, dass das nicht stimmt.

Zur gewaltfreien Erziehung gehört übrigens nicht nur der Verzicht auf Prügel, sondern auch auf seelische Grausamkeit. Ein strenger, lieblos-verachtender Blick oder das Kind öffentlich bloßzustellen kann schlimmer schmerzen als eine Ohrfeige. Auch deshalb hört man diesen Satz immer wieder. Als wäre ein Schlag besser als Liebesentzug.

Letztlich ist es wohl so: Mit Kindern zu leben ist für die Eltern ungefähr genauso schwierig und anstrengend, wie es für die Kinder ist, mit ihren Eltern zu leben. Wenn man nicht viel Geduld miteinander hat und liebevoll und respektvoll miteinander umgeht, dann wird's schnell schwierig. Aber das ist leichter gesagt als getan. Das weiß jeder, der schon mal dem Erziehungsberechtigten die Zimmertür vor der Nase zugeknallt hat und hindurchbrüllte: «Ich hasse dich! Ich wünschte, du wärst tot!» (Was man in der Pubertät alles durchmachen muss!)

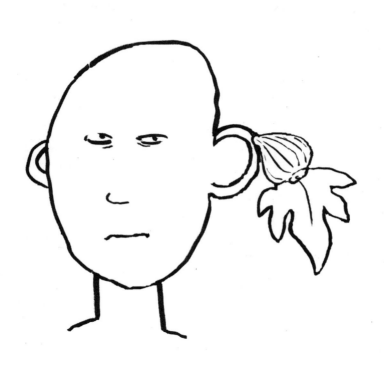

Was kann man tun? Sich Hilfe holen. Erziehungsberatungsstellen sind oft besser als ihr Ruf. Und es ist egal, ob sich die geschlagenen Kinder oder die überforderten Eltern dort melden. Einer muss den Anfang machen, damit das Leben besser wird.

Kinder- und Jugendtelefon des Deutschen Kinderschutzbundes (kostenlos): 0800/111 0 333.

Elterntelefon des Deutschen Kinderschutzbundes (kostenlos): 0800/111 0 550.

Dort kann man sich auch Beratungsstellen vor Ort empfehlen lassen. Und Jugendhilfeeinrichtungen oder Pfarrer können ebenfalls Ansprechpartner sein.

Kopfbälle machen dumm. 81

Stimmt nicht.

Manche Forscher und Sportjournalisten sind zwar der Meinung, dass ausgerechnet die kopfballstarken Fußballer im späteren Leben nicht die schnellsten Denker sind. Aber selbst, wenn das stimmen sollte: Keiner weiß, wie flink (oder lahm) im Kopf sie wären, hätten sie was Vernünftiges gelernt, so wie die Eltern es gern wollten.

Als sicher kann man hingegen annehmen, wenn sie bekannt genug sind, um für eine solche Studie ausgewählt zu werden, haben sie genug Geld verdient, um nie mehr was Vernünftiges machen zu müssen. Und dann ist ja eigentlich auch egal, wieso sie nun dumm sind. Ob wegen der Kopfbälle oder nur so.

«Grundsätzlich», sagt Professor Andreas Schmid, Oberarzt der Sportmedizinischen Abteilung der Universitätsklinik Freiburg, «ist die Kraft, die bei einem Kopfball auf den Körper einwirkt, nicht so groß, dass man akute Verletzungen erwarten müsste.» Neuropsychologische Tests belegen aber durchaus, dass Fußballer, die viel und gern und lange köpfen, darunter leiden können. «Es gibt also Hinweise darauf, dass Kopfbälle über einen längeren Lebenszeitraum zu messbaren Funktionsveränderungen im Gehirn führen können», sagt Schmid. Kopfbälle machen nicht sofort dumm, verschlechtern aber auf Dauer wohl doch die Gehirnleistung.

Eine aktuelle schwedische Studie hingegen stellte fest, dass Köpfen kein Problem ist. Dafür ließen die Forscher Fußballer im Labor Kopfbälle annehmen. Und untersuchten anschließend deren Rückenmarksflüssigkeit auf Anzeichen von Hirnschäden. Ergebnis: alles bestens.

Gelegentliches Köpfen ist also kein Problem. Nach einer langen und glücklichen Karriere als Kopfballer sollte man hingegen nicht mehr auf Atomphysiker umschulen wollen.

Ganz anders verhält es sich bei Boxern. Fußballer, mutmaßt man, seien besser vorbereitet auf den Aufprall, der den Boxer überraschend treffe. Außerdem ist die Schlagenergie eines Fausthiebs deutlich größer als die eines Fußballs. Boxerhirne leiden nachweislich unter den Treffern.

Deshalb sollte man die Regel ändern in: Kopfnüsse machen dumm.

Die Frage ist nur, wieso die Leute, die genug Kopfnüsse kriegen, um davon dumm zu werden, überhaupt so dumm sind, sich diese abzuholen ... Man könnte vermuten, dass eine derartige Regeländerung also gar nichts bringt.

Was man nicht im Kopf hat, hat man in den Beinen.

Stimmt.

Dieser Spruch gehörte für mich immer in die Kategorie «oft gehört, nie verstanden». Wahrscheinlich fehlte mir früher einfach die nötige geistige Reife, um ihn zu kapieren. Was hat man denn alles so im Kopf? Viel Gehirn, relativ wenig Muskelmasse. Bei den Beinen ist es genau umgekehrt: relativ wenig bis gar kein Hirn, dafür aber umso mehr Muskeln. Mir wollte nie in den Sinn, warum denn ausgerechnet diese langweilige Beobachtung des Offensichtlichen in den Adelsstand der gerne gesagten Elternsprüche erhoben wurde. Erst im fortgeschrittenen Alter ist mir die wahre Bedeutung klar geworden: Schwächen im Hirn muss man durch Muskelkraft ausgleichen.

Dass es bei mir so lange gedauert hat, bis ich diesen Spruch kapierte, hat wahrscheinlich damit zu tun, dass ich ihn heutzutage noch öfter höre als früher. Und das Schlimmste daran ist: Nicht meine Eltern sagen ihn zu mir, sondern ich mir selbst. Was wieder mal zeigt, dass man mit steigendem Alter seinen Eltern immer ähnlicher wird. Oh, diese Selbstgespräche im Supermarkt!

Denn beim Einkaufen passiert es mir doch ziemlich häufig, dass ich mir alles, was ich brauche, in den Einkaufswagen packe, zur Kasse gehe, bezahle, die Einkäufe zum Fahrrad schiebe, dort alles in den großen Drahtkorb lege – und dann merke, dass ich wieder mal das Klopapier vergessen habe. Also packe ich wieder alles ein, gehe zurück in den Supermarkt, begebe mich direkt in die Abteilung mit den Hygieneartikeln, lade mir das Toilettenpapier auf meine vollen Arme, marschiere zur Kasse, lege

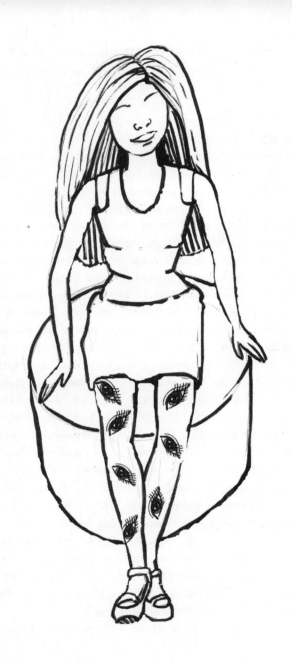

das Papier aufs Band, während ich alle anderen Einkäufe auf einem Arm balanciere, damit ich mit der freien linken Hand nach dem Kassenbon kramen kann, der natürlich in der rechten Hosentasche steckt – wer will schon alles doppelt bezahlen! Wenn ich dann endlich erneut bei meinem Rad bin – schweißgebadet –, hat sich der Spruch wieder mal bewahrheitet: Was ich nicht im Kopf hatte – Klopapier kaufen –, mussten meine Beine gutmachen, indem sie fast doppelt so weit unterwegs waren.

Umgekehrt hat der Spruch aber auch seine Gültigkeit: Wenn man den Einkauf so schnell und mühelos wie möglich hinter sich bringen möchte, dann sollte man vorher sein Gehirn einschalten. Das bedeutet: überlegen, was man braucht und wo die Dinge im Supermarkt ihren Platz haben. Dann schreibt man alles auf den Einkaufszettel – und zwar nicht alphabetisch, sondern räumlich sortiert. Das heißt, Dinge, die im Eingangsbereich des Supermarkts stehen, sind ganz oben auf der Liste. Artikel, die man an der Kasse findet, kommen ans Ende der Liste. Und dazwischen notiert man alle Sachen in der Reihenfolge, wie man auf dem Weg durch die Regale an ihnen vorbeigeht. Mit so einem Einkaufszettel in der Hand haben die Beine erstaunlich wenig zu tun. Die meiste Arbeit hat ihnen nämlich schon der Kopf abgenommen.

Aber nicht nur im Supermarkt ist es von Vorteil, vorher das Gehirn zu benutzen. Auch in vielen anderen Situationen hilft es, einen Einkaufszettel dabeizuhaben – oder einen Plan oder eine Strategie oder wie man das auch immer nennen möchte. Ganz egal, ob man als Mario eine Prinzessin befreien will oder als Ralph eine Fernsehsendung vorbereitet – mit ein bisschen Überlegung und Planung kommt man schneller und müheloser ans Ziel, als wenn man einfach drauflosläuft.

38 Auf dem Fahrrad und beim Skaten muss man immer einen Helm tragen.

Stimmt nicht.

Es gibt in Deutschland keine Helmpflicht. Das heißt, es ist nicht durch ein Gesetz vorgeschrieben, dass man einen Helm tragen muss. Das bedeutet zugleich: «Die gesetzlichen Krankenkassen übernehmen nach einem Unfall beim Radfahren oder Skaten in jedem Fall die Behandlungskosten – unabhängig davon, ob der Betroffene einen Helm getragen hat oder nicht», so Inga Lund aus der Pressestelle der Techniker Krankenkasse.

Etwas anders verhält es sich bei Radsportlern: Inzwischen schreiben alle Turnierveranstalter Helme vor. Wer keinen trägt, darf nicht an den Start. Und wer für ein Radrennen trainiert und ohne Helm zum Beispiel um die Kurve rast und gegen einen Traktor brettert, kann dann nicht den Bauern für die Kopfverletzungen zahlen lassen. Selbst schuld, urteilten Gerichte in solchen Fällen.

Es gibt sogar gute Gründe gegen eine gesetzliche Helmpflicht. Bettina Cibulski, Pressesprecherin des Allgemeinen Deutschen Fahrrad-Clubs (ADFC), erklärt: «In den – weltweit nur wenigen – Ländern mit gesetzlicher Helmpflicht hat sich durch den Helmzwang die Zahl der Radfahrer insgesamt verringert, was zu einem erhöhten Risiko für die verbliebenen Radfahrer geführt hat, da Autofahrer nun insgesamt weniger mit dem Auftauchen von Radfahrern rechnen.» Darum spricht sich der ADFC eindeutig gegen die Einführung einer Helmpflicht aus, weil dann weniger Menschen aufs Rad stiegen. Die gesundheitlichen Vorteile des Radelns aber überwiegen die Verletzungsrisiken bei weitem. Deswegen will der ADFC lieber möglichst viele Radfahrer, zumal dann die Autofahrer auch mehr Rücksicht nehmen. Hinzu kommt, so Cibulski: «Bei Kindern, die schon selbständig Rad fahren können, spricht einiges dafür, dass zumindest ein Teil der Schutzwirkung durch erhöhte Risikobereitschaft verloren geht.» Also: Wer einen Helm trägt, fühlt sich geschützt und fährt deshalb unvorsichtiger (und hat dann schneller einen Unfall).

Das alles hat aber leider nichts mit der Frage zu tun: Wenn ich einen Unfall habe – hilft der Helm oder nicht? Darüber gehen die Expertenmeinungen auseinander. Der ADFC hält sich hier vornehm zurück. Die Hannelore-Kohl-Stiftung hingegen, die sich für Verletzte mit Schäden des Zentralen Nervensystems einsetzt, bezieht klar Position. Geschäftsführer Dr. Martin Schlosser meint: «Tatsache ist, dass mehr als 40 Millionen Deutsche regelmäßig mit dem Fahrrad fahren und die Zahl der verunfallten Radfahrer steigt, und damit auch das Risiko einer schweren Kopfverletzung. Eine im Jahr 2006 veröffentlichte Studie zeigt, dass pro Jahr 270000 Personen ein Schädelhirntrauma erleiden, davon 70200 durch einen Verkehrsunfall. In etwa einem Drittel der Fälle sind Radfahrer betroffen. Annähernd 85 Prozent der schädelhirntraumatisierten Fahrradfahrer trugen keinen Helm. Betroffene müssen schwerste, nicht selten lebenslange Behinderungen verkraften – ein Schicksal, das verunfallenden Helmträgern erspart bleibt! Neurochirurgen berichten, dass sie viele schwerverletzte Menschen behandeln müssen, die von einer Sekunde auf die andere mit gravierenden gesundheitlichen Einbußen leben müssen. Ein Kopfschutz hätte die schweren Verletzungen verhindert.» Deshalb mahnt die Hannelore-Kohl-Stiftung: «Ein Helm hilft, bevor wir helfen müssen!» und «Schützen Sie Ihren Kopf – Sie haben nur einen!»

Die schwersten Fahrradunfälle sind Zusammenstöße

mit Autos. Beim Inlineskaten kommt noch der beliebte Sturz auf den flachen Rücken dazu, bei dem der Schädel knackig auf dem Asphalt aufprallt. Wer wissen will, was da abgeht, sollte mal eine Wassermelone aus einem Meter Höhe auf die Straße fallen lassen. Kein schöner Anblick ...

Bernd Schicker, Präsident des Deutschen Inline-Skate-Verbandes, ist ebenfalls der Meinung, «dass grundsätzlich im öffentlichen Verkehr alle Inlineskater die vollständige Schutzausrüstung tragen sollten. Der Helm stellt nach unserer Meinung das wichtigste Schutzmittel dar. Nicht weil Kopfverletzungen besonders häufig vorkommen, dies ist nicht der Fall, sondern weil die Gefahr schwerer Verletzungen und bleibender Schädigungen am Kopf am schwerwiegendsten ist. In unseren Kursen und den Kursen von uns lizenzierter Trainer besteht die Verpflichtung zum Tragen der vollständigen Schutzkleidung. Wir würden eine Helmpflicht im öffentlichen Verkehr durchaus begrüßen und freuen uns, dass immer mehr Veranstalter von Skate-Nights die Helmpflicht einführen.»

Wichtig sind allerdings beim Radfahren und Skaten gleichermaßen die Passform und der richtige Sitz des Helms. Oft wird er viel zu weit nach oben geschoben oder sitzt zu locker. Dann löst er sich bei einem Unfall und nützt nichts (die Verschlussbänder können sogar noch Schaden anrichten). Und man sollte auch die jeweils korrekten Helme verwenden, denn Fahrradhelme sind vorne rund und hinten spitz. Sie schützen vor allem Stirn und Schläfen, der Hinterkopf ist fast frei. Skatehelme sind hinten rund und reichen viel tiefer, sodass der gesamte Hinterkopf bedeckt ist.

Für beide gilt: Nie mit Helm auf den Spielplatz! Beim Klettern und Spielen kann man hängen bleiben, und kleine Kinder können dabei sogar ersticken!

Also nochmal langsam zum Mitschreiben: Muss man beim Radfahren und Inlineskaten einen Helm tragen? Nein, gesetzlich vorgeschrieben ist das nicht. Aber man sollte es trotzdem tun. Denn das Ding mag unbequem sein und die Löckchen platt drücken. Aber das ist viel besser, als den Rest des Lebens im Rollstuhl zu sitzen.

Ach ja, und noch etwas: Autos kann man gar nicht so schnell ausweichen, wie sie sind. Und mit Inlineskates aus dem Gleichgewicht zu geraten ist auch nicht besonders schwer. Völlig falsch ist daher das beliebte Eltern-Argument: «Ich muss keinen Helm tragen, weil ich ja schon besser fahren kann als du.»

Im Auto muss man sich immer anschnallen.

34

Stimmt nicht ganz.

Es gibt immer wieder jüngere und ältere Mitfahrer in der Trotzphase, die sich partout weigern, den Gurt anzulegen. Dabei ist es ganz egal, ob man wegen des Gurts nicht mehr atmen kann – er sitzt ja so eng – oder unglaublich schwitzen muss – er ist ja so schwarz: Gurt muss sein!

In diesem Zusammenhang verweise ich gerne auf die Straßenverkehrsordnung (StVO), besonders auf § 21a. Da steht überraschend verständlich formuliert: «Sicherheitsgurte müssen während der Fahrt angelegt sein.»

Mehr gibt es eigentlich nicht dazu zu schreiben. Außer vielleicht ein bisschen zur Geschichte des Anschnallens.

Lange bevor es Massenkarambolagen geben konnte – denn die Zahl der Autos war noch sehr übersichtlich –, erfand Louis Renault im Jahr 1903 den ersten Fünfpunkt-Sicherheitsgurt.

Fünfpunkt bedeutet, dass der Gurt an fünf verschiedenen Karosseriestellen befestigt ist. Ein Dreipunkt-Gurt hat entsprechend drei Verbindungen zum Auto: über der Schulter und links und rechts der Hüfte. Je höher die Zahl der Punkte, desto sicherer ist der Gurt – aber auch das Anlegen wird mit jedem Punkt komplizierter. Von der Einschränkung der Bewegungsfreiheit mal ganz zu schweigen.

Aus dem Renault-Fünfpunkt-Gurt entwickelte der Schwede Nils Bohlin Mitte der fünfziger Jahre des letzten Jahrhunderts den Dreipunkt-Gurt. Das ist der Gurt, den man heutzutage in eigentlich allen Autos findet. Nils Bohlin hatte ursprünglich Schleudersitze für Düsenjets entwickelt, wurde dann aber von Volvo engagiert, um sich um das Gegenteil zu kümmern. Denn wenn man einen Autounfall überleben will, hilft es ungemein, eben gerade nicht durch die Scheibe und danach durch die Gegend geschleudert zu werden. So kam es, dass im Jahr 1959 Volvo die ersten Autos serienmäßig mit Dreipunkt-Gurt anbot. (Bei allen anderen Herstellern kosteten Gurte noch extra.) Erst 15 Jahre später, 1974, hatten alle neuen Autos Gurte, für die man nichts dazubezahlen musste.

Benutzt hat sie kaum jemand. Das lag vor allem daran, dass viele Autofahrer ganz einfach Angst hatten, bei einem Unfall in ihrem Auto gefangen zu sein und nicht schnell genug rauszukommen.

1976 wurde dann gesetzlich vorgeschrieben, dass man im Auto den Gurt tragen musste. Das hat immer noch niemanden interessiert. Erst als 1984 eine Strafgebühr für Gurtmuffel eingeführt wurde, verbesserte sich die Anschnallmoral. Und das hatte Folgen: Obwohl es heute viel mehr Autos gibt als vor dreißig Jahren, gab es damals dreimal so viele Verkehrstote wie heute.

Der Gurt ist also ein richtiger Lebensretter. Funktioniert allerdings nur, wenn man ihn richtig anlegt. Deshalb hier eine kleine Checkliste:

- Der Gurt sollte nicht locker rumlabbern, sondern stramm und fest sitzen.
- Kinder sollten immer Gurte benutzen, die für sie gemacht sind. Normalerweise bedeutet das: Gurte in Kindersitzen. Die ihrerseits auch korrekt mit dem Autogurt festgeschnallt werden müssen, denn sonst segeln Sitz und Kind zusammen durch die Weltgeschichte.
- Der Teil des Gurts, der über der Schulter liegt, sollte niemals unterm Arm entlanggeführt werden. Das kann bei einem Unfall zu ganz gemeinen Verletzungen führen.

- Ein Erwachsener sollte nie ein Kind auf seinem Schoß sitzend anschnallen. Auch das kann ganz üble Folgen haben. (Ich spare mir hier die blutigen Einzelheiten, weil ich weiß, dass auch Menschen dieses Buch lesen, die einen etwas empfindlicheren Magen haben.)

Dem aufmerksamen Leser wird nicht entgangen sein, dass alles – Gesetz und Statistik – dafür spricht, dass man sich im Auto immer anschnallen muss. Und trotzdem soll dieser Spruch nicht so ganz stimmen? (Der Blick schweift nach oben zum Anfang dieses Kapitels.)

Es gibt Ausnahmen. Taxifahrer zum Beispiel brauchen sich nicht anzuschnallen, wenn sie Fahrgäste haben. Unangeschnallt kann der Taxifahrer schneller aus dem Auto flüchten, falls ein Gast mal handgreiflich werden sollte.

Auch Paketauslieferer, die von Haus zu Haus fahren und immer wieder aus- und einsteigen müssen, brauchen sich nicht anzuschnallen.

Und selbst wenn man keinen Beruf mit besonderen Befugnissen hat: Fährt man auf einem Parkplatz oder ist im Schritttempo unterwegs oder hat den Rückwärtsgang eingelegt, dann braucht man den Gurt auch nicht anzulegen.

35 Erst ab zwölf darf man im Auto vorne sitzen.

Stimmt nicht.

Die Straßenverkehrsordnung (StVO) regelt das ziemlich eindeutig – wenn man die Sprache der Juristen versteht. In § 21 Absatz 1a StVO steht unter anderem: «Kinder bis zum vollendeten 12. Lebensjahr, die kleiner als 150 cm sind, dürfen in Kraftfahrzeugen auf Sitzen, für die Sicherheitsgurte vorgeschrieben sind, nur mitgenommen werden, wenn Rückhalteeinrichtungen für Kinder benutzt werden, die den in Artikel 2 Abs. 1 Buchstabe c der Richtlinie 91/671/EWG des Rates vom 16. Dezember 1991 über die Gurtanlegepflicht und die Pflicht zur Benutzung von Kinderrückhalteeinrichtungen in Kraftfahrzeugen (ABl. EG Nr. L 373 …» – O nein, ich bin schon eingeschlafen und hab es gar nicht gemerkt.

Übersetzt ins Deutsche heißt das, dem Gesetz ist erst mal egal, ob man vorne oder hinten sitzt. Es ist auch egal, wie alt man dabei ist. Nicht egal ist: Wenn der Platz, auf dem man sitzt, einen Anschnallgurt hat – ja, es gibt immer noch Oldtimer, die keine Gurte haben –, dann muss man sich anschnallen. Wenn dieser Gurt nicht extra für Kinder gebaut ist, dann muss ein Kind, das kleiner als 150 Zentimeter ist und noch nicht seinen dreizehnten Geburtstag gefeiert hat, auf jeden Fall in einem passenden Kindersitz sitzen und angegurtet sein. (Ja, gut aufgepasst, wenn man mit sieben Jahren schon 1,80 misst, dann braucht man nicht mehr im Kindersitz zu sitzen. Aber dann hat man ja sowieso ganz andere Probleme.)

Also: Im Kindersitz vorne zu sitzen ist erlaubt. Selbst Babys dürfen das.

Man muss nur ein paar Dinge beachten. Wenn ein Baby vorne in seiner Babyschale mitfährt, dann muss der Airbag ausgeschaltet sein. Kann man den Airbag nicht ausschalten, darf das Baby nicht vorne sein. Ein Airbag ist nämlich nicht zu vergleichen mit dem kuscheligen, weichen Kissen, das man bei sich zu Hause im Bett liegen hat. Damit ein Airbag bei einem Unfall schützen kann, muss er sich wahnsinnig schnell aufblähen – innerhalb von Millisekunden. Das passiert mit einer Aufblasgeschwindigkeit von ungefähr 200 km/h. Das Ding explodiert förmlich und springt aus dem Armaturenbrett raus. Erwachsene, für die der Airbag ja in erster Linie gedacht ist, sitzen relativ weit von ihm entfernt. Je näher man aber mit dem Kopf an der Stelle sitzt, aus der bei einem Unfall der Airbag rausschießt, desto größer ist die Gefahr übler Verletzungen. Da eine Babyschale rückwärts auf dem Beifahrersitz festgemacht wird, berührt sie fast schon das Armaturenbrett. Wird der Airbag ausgelöst, wird die Schale samt Baby mit voller Wucht gegen den Sitz geschleudert. Das endet meistens tödlich. Wie man den Airbag ausschalten kann, steht üblicherweise in der Bedienungsanleitung des Autos.

Wenn größere Kinder, die auch schon nach vorne gucken dürfen, auf dem Beifahrersitz mitfahren, muss der Airbag nicht ausgeschaltet werden. Wichtig ist dann aber, dass sie so weit wie möglich vom Airbag entfernt sitzen. Das bedeutet: Beifahrersitz samt Kindersitz ganz nach hinten schieben.

Übrigens: Der sicherste Platz für Kinder im Auto ist ohne Frage auf der Rücksitzbank – natürlich vorschriftsmäßig angeschnallt. Da sind sich alle Unfallforscher einig.

36 Je öfter man sich die Haare schneidet, desto dichter wachsen sie nach.

Stimmt nicht.

Wer gern endlich einen ordentlichen Bart hätte, wünscht sich kaum etwas sehnlicher. Wer sich hingegen alle paar Tage die Beine und Achselhöhlen rasiert, hat schon lange gehofft, dass an dieser Regel nichts dran ist.

Und wirklich: Die Haare wachsen, wie sie wollen, ob man sie nun schneidet oder rasiert oder einfach in Ruhe lässt. Das wurde bereits 1928 nachgewiesen. Auch Shampoo oder Conditioner lassen es nicht voller oder flotter sprießen.

Gras, wie man so schön sagt, wächst nicht schneller, wenn man daran zieht. Und dasselbe gilt fürs Haar.

Vielleicht basiert die Behauptung darauf, dass frischgeschnittene Haare fülliger wirken.

Auf dem Kopf wachsen jedem von uns täglich etwa 30 Meter Haar; jedes Haar schiebt sich pro Monat etwa einen Zentimeter aus der Kopfhaut, einen Millimeter in drei Tagen. Männerhaare werden maximal 40 bis 50 Zentimeter lang, Frauenhaare sogar 70 bis 80 Zentimeter. Blonde Menschen haben die meisten Haare, etwa 140000, Brünette etwa 100000, Rothaarige gar nur 85000. Haarefärben ändert daran nichts.

Der Vietnamese Tran Van Hay hat die längsten Haare der Welt – auch wenn er ein Mann ist. Sie sind stark verfilzt, aber satte 6,2 Meter lang.

Der längste Bart der Welt war nur wenig kürzer: 5,33 Meter. Sein Träger, der Amerikaner Hans H. Langseth, starb 1927.

Dass der Haarwuchs aber dennoch nicht gänzlich unabhängig von äußeren Einflüssen ist, zeigt angeblich das Beispiel des Schneehasen. Die Tiere haben weißes Fell an den warmen Hautstellen wie dem Rumpf, aber schwarzes an den kalten Pfoten und Ohren. Das ergibt eine prima Tarnung. Rasiert man einem Schneehasen nun aber den Rücken, heißt es, wird's dort auch kalt – und die Haare wachsen schwarz nach! Mit etwas Geduld könnte man also wohl eine Art Zebrahasen aus ihm machen.

Keine Piercings, Tattoos und Ohrlöcher ohne Erlaubnis der Eltern

Stimmt.

Tätowierungen und Piercings (auch Ohrlöcher) gelten rechtlich als «mutwillige Körperverletzung». Mutwillig heißt «absichtlich», und das stimmt ja auch – man stanzt ja niemandem zufällig einen Ring in die Augenbraue oder stichelt ihm aus Versehen einen Adler auf den Rücken. Und wer sich bei den Schularbeiten mit Locher und Hefter in den Finger «pierct», hat sowieso ganz andere Probleme ...

Erst wenn man volljährig ist, darf man sich selbst eine solche Körperverletzung genehmigen – dann geht der Piercer oder Tätowierer straffrei aus. Vorher ist die Erlaubnis der Eltern erforderlich. Wenn die fehlt, fangen seriöse Piercer gar nicht erst an. Die meisten Tattoo- und Piercingstudios verlangen, dass ihre Kunden mindestens 16 sind.

Bei jüngeren Menschen ist es grundsätzlich so, dass die Eltern zwar ihre Erlaubnis geben können. Aber wenn jemand sie anzeigt, wird ermittelt. Der Tätowierer kommt dann unter Umständen ungeschoren davon. Doch die Eltern können richtig Ärger kriegen, zum Beispiel mit dem Jugendgericht oder dem Jugendamt. Das hängt natürlich auch davon ab, worum es geht. Ein Bauchnabelpiercing ist in den Augen der meisten Richter harmloser als ein Ganzkörpertattoo, bei dem sich die Schlangen noch seitlich am Hals durch die Augenhöhlen der Totenschädel schlängeln.

Natürlich gibt es Studios, die das Ganze etwas lässiger sehen und ohne Genehmigung lostechen. Das mag auf den ersten Blick cool erscheinen. Ist es aber nicht. Wer es mit den Gesetzen nicht so genau nimmt, der achtet vermutlich auch nicht ausreichend auf Sauberkeit. Aber Hygiene ist entscheidend. Denn sind die Nadeln und Instrumente nicht klinisch rein, kann man sich Entzündungen holen und Krankheiten wie Hepatitis oder Aids.

So sehen es auch verantwortungsbewusste Studioinhaber. Nils Weiß, der Vorsitzende des OPP e. V. (der Ersten Organisation Professioneller Piercer), erklärt: «Wir piercen unter 18 natürlich nur in Anwesenheit eines Erziehungsberechtigten, unter 16 zusätzlich mit dem schriftlichen Einverständnis des zweiten Erziehungsberechtigten. Generell müssen zur Überprüfung der verwandtschaftlichen Verhältnisse amtliche Lichtbilddokumente vorgelegt werden. Wir machen jedoch nicht alle Piercings in jedem Alter. Ab 14: Ohrläppchen, Nasenflügel, Ohrknorpel, Bauchnabel, Augenbraue, Lippenband, Lippe. Ab 16: männliche Brustwarze, Wange, Zunge, Nasenwurzel, Nasenscheidewand. Ab 18: weibliche Brustwarze, Intimbereich, Oberflächenpiercings, Dehnungen, also generell alles, was risikoreicher oder permanent ist. Dazu zählen wir auch Tätowierungen oder Scarifications.» Skarifizierungen sind sogenannte Ziernarben, man schneidet oder brennt dazu extra Wunden in die Haut und lässt sie wulstig verheilen. Kann ich nicht empfehlen.

Carmen und Tommy vom Burning Needles Tattoo Studio in Hamburg erklären daher sogar: «Mit 18 bis 19 ändert man seine Meinung noch sehr oft und meistens auch seine Berufswahl, das Tattoo bleibt. Man sollte daher so viel Verantwortung übernehmen, manche jungen Leute vor sich selbst zu schützen.»

Tipp: Gewünschtes Tattoo einfach erst mal mit Kuli oder Edding aufmalen – das schockt die meisten Eltern auch ganz schön!

Du fragst mir ja noch Löcher in den Bauch!

Stimmt nicht.

Glücklicherweise kann man niemandem Löcher in den Bauch fragen. Der Spruch meint im übertragenen Sinne: Deine Fragen gehen mir furchtbar auf die Nerven und quälen mich wie Folter. Früher wurden Gefangene nämlich in den Kerkern entsetzlich gequält («gefoltert»), damit sie Geheimnisse preisgaben. Leider passiert das heute immer noch, aber wenigstens viel seltener als früher. Sie wurden ausgefragt, und wenn sie nichts sagen wollten, hat man sie verletzt. Wer nicht antwortete, dem bohrte man zum Beispiel eine glühende Eisenstange in den Bauch!

Auch die Kirche hat auf der Suche nach Hexen solche schrecklichen Dinge getan. Das ist schon viele hundert Jahre her. Darauf gehen angeblich mehrere Redewendungen zurück. Zum Beispiel «Das brennt mir unter den Nägeln», denn es wird berichtet, dass man den Opfern damals glühende Eisenstifte unter die Fingernägel stieß, um sie zum Reden zu bringen. (Es kann aber auch sein, dass der Satz von Mönchen stammt, die sich kleine Gebetskerzen auf die Fingernägel klebten, um auch nach Einbruch der Dunkelheit noch in der Bibel lesen zu können. Sie mussten sich dabei aber beeilen, weil es sonst ganz schön heiß auf den Nägeln wurde. «Das brennt mir auf den Nägeln» bedeutet ja: Es ist mir sehr eilig, davon zu erzählen oder mich damit zu beschäftigen.)

Ein anderes Beispiel für einen Folterspruch lautet «Das ist ja zum Totlachen», denn wenn die Antwort ihnen nicht gefiel, lachten die Folterknechte lauthals – und töteten den Gefangenen.

Heutzutage haftet diesem Stoßseufzer mit den Löchern im Bauch Gott sei Dank meist nichts mehr vom damaligen Grauen an, sondern eher ergebene Amüsiertheit. Denn alle wissen doch inzwischen: «Wieso, weshalb, warum? Wer nicht fragt, bleibt dumm!»

Man zeigt nicht mit dem nackten Finger auf angezogene Leute.

Stimmt.

Obwohl es eigentlich total normal ist. Forscher haben festgestellt, dass unsere Fingerspitzen direkt mit dem Sprachzentrum des Gehirns verbunden sind. Zeigen wir also mit dem Finger auf jemanden, so wollen wir ihn sozusagen ansprechen.

Das gilt aber als ungehörig. Genauso wenig fragt man eben Leute im Einkaufszentrum: «Du-hu, warum bist du eigentlich so dick?» oder «Du-hu, warum hast du denn gar keine Haare?» Alles sehr vernünftige Fragen. Sie könnten dem anderen aber das Gefühl geben, nicht in Ordnung zu sein. Und selbst wenn das so ist, will man es von Fremden nicht unbedingt nochmal deutlich gesagt bekommen.

Zeigt man direkt auf jemanden, kommt man ihm damit sozusagen nahe. Das empfinden viele Menschen als unangenehm und störend. Es ist sicher nicht so schlimm wie die Gesten, die Autofahrer untereinander benutzen (einen Vogel zeigen, sich vor die Stirn schlagen, den Mittelfinger recken). Aber ähnlich.

Auch unentwegtes Anstarren kann so wirken. Deshalb gilt (leider): So lustig das verrutschte Toupet des Herrn zwei Tische weiter aussieht – bitte auch mal auf den Spinat zwischen den Zähnen der Frau gegenüber starren.

Diese merkwürdige Scham voreinander hat auch damit zu tun, dass man mit Worten ganz leicht lügen kann, mit dem Körper aber ganz schwer. Die «Körpersprache» verrät fast immer, wie wir uns wirklich fühlen. Wer nett redet, aber die Lippen aufeinanderpresst, dem glauben wir nicht. Wer einem etwas erzählt und dem Blick dabei ausweicht, den erkennen wir sofort als Lügner. Wer nur lasch die Hand schüttelt und sich schräg aufs Sofa lümmelt, den halten wir für eine faule Socke. Wer die Stirn runzelt und die Arme vor der Brust verschränkt, kann noch so sehr beteuern, er wäre auf unserer Seite – wir spüren genau, wie wenig er von uns hält.

Wir wollen uns aber alle gut fühlen. Und wenn jemand mit dem Finger auf uns zeigt oder uns ewig anstarrt, bekommen wir den Eindruck, irgendwas stimmt nicht. Und wie gesagt, selbst wenn das wirklich so ist – es fühlt sich doof an.

Das kann man leicht ausprobieren. Man braucht nur einen Freund oder eine Freundin und schaut einander in die Augen. Wer zuerst lachen muss, hat verloren. Lachen kann man aber in einer solchen Situation nur, weil man sich kennt und vertraut. Stellt man sich einmal vor, es wäre ein Fremder, der einen so anschaut, wird es ganz schnell ganz schön unangenehm.

Dabei wäre es eigentlich toll, wenn man auf die vielen lustigen Leute zeigen könnte, die man jeden Tag sieht. Wenn man sie ausgiebig anstarren und vielleicht sogar mit ihnen darüber lachen könnte. Das finden die aber in der Regel unangenehm. Und wir selbst, meistens, auch.

Es kommt auf die innere Schönheit an. 40

Stimmt nicht. Meistens.

Bei Models zum Beispiel ganz sicher nicht. Bei ihnen kommt es ausschließlich auf die «äußere» Schönheit an. Und höchstens noch auf ihre Disziplin und Freundlichkeit. Ob sie klug sind oder dumm, nett oder fies – egal!

Wissenschaftler haben auch nachweisen können, dass es Menschen, die als gut aussehend wahrgenommen werden, im Leben meist leichter haben. Andere begegnen ihnen freundlicher und gutwilliger, sie bekommen eher eine Chance. Das kann man sich am Beispiel einer Jobbewerbung klarmachen. Wenn sich auf eine Stelle 50 Leute bewerben und davon zehn gleich gut qualifiziert sind, dann werden sicherlich die fünf zuerst eingeladen, die auf dem Foto am nettesten aussehen. Das mag ungerecht sein, ist aber menschlich. Der Wirtschaftsfachmann Daniel Hamermesh von der Universität Texas hat sogar nachgewiesen, dass gutes Aussehen beim Gehalt exakt so viel wert ist wie eineinhalb Jahre Berufserfahrung.

Andererseits – und das soll der Spruch ausdrücken – hat natürlich jeder die Gelegenheit, den ersten Eindruck wettzumachen. Positiv wie negativ. Wer hübsch aussieht, sich aber als mieses Schwein entpuppt, wird vielleicht ein paar Jahre lang auf alle Partys eingeladen, aber dann nicht mehr.

Wer hingegen eher unscheinbar daherkommt oder gar hässlich, hat es schwer mit der ersten Einladung oder dem ersten Bewerbungsgespräch. Ist man dann aber witzig, hilfsbereit, nett, interessant oder klug, wird man wahrscheinlich immer bessere Jobs kriegen oder immer öfter eingeladen werden.

Biologisch hat «Schönheit» wohl den Sinn, bei der Partnerwahl zu helfen. Die Annahme dahinter ist: Wer gut aussieht, hat bestimmt auch in anderen Bereichen viel zu bieten und tolles Erbmaterial (ist also beispielsweise auch noch intelligent und witzig). So ist es auch zu erklären, dass Menschen in aller Welt ähnliche Schönheitsideale haben. Bloß stimmt diese Vermutung eben nicht. Insofern hat die Natur sich hier sozusagen selbst einen Streich gespielt.

Umgekehrt ist aber auch die gegenteilige Annahme falsch, schöne Menschen seien überdurchschnittlich dämlich. Die Schauspielerin Sharon Stone, die lange Zeit als Sexsymbol galt, hat zum Beispiel einen Intelligenzquotienten von 154, ihre Kollegin Geena Davis liegt bei 140 (und der Durchschnittswert ist 100).

Man kann auch nicht folgern, blöde Leute wären besonders schön. Sonst müssten die Deutschen, die in den PISA-Schultests bislang ziemlich schlecht abgeschnitten haben, ja ein wahnsinnig gut aussehendes Volk sein. Und dass das nicht stimmt, dafür bin ich ja der beste Beweis! (Ha, ha, kleiner Anflug von Selbstironie.)

Oder war das jetzt etwa der Beweis für das Gegenteil?

Wie auch immer, sicher weiß man nur: Wer gut aussieht, hat einen Startvorteil. Aber Schönheit und Charakter haben ganz einfach nichts miteinander zu tun. Nur darauf kommt es an.

Bescheidenheit ist eine Zier, doch weiter kommt man ohne ihr. 41

Stimmt. Beides.

Sie ist eine Zier, und man kommt weiter ohne ihr.

Zugeschrieben wird der Reim (wie so viele) Wilhelm Busch, der auch «Max und Moritz» verfasste. Aber von dem stammt er nicht. Es ist ganz einfach ein launiges Sprichwort. Kürzer sagt man auch: «Eigenlob stinkt.»

Das stimmt so allgemein jedoch nicht – wie bei Parfüm kommt es auf die Menge an.

Die beiden wichtigsten Bereiche, in denen man sich selbst loben kann (und sollte), sind Partnerwahl und Arbeitsleben. Die Psychologin Monika Sieverding ermittelte an der Freien Universität Berlin, wie stark eine souveräne Selbstdarstellung im Vorstellungsgespräch den Erfolg der Bewerbung beeinflusst. Ergebnis: Wer mehr über sich spricht und sich seine Gefühle nicht vom Gesicht ablesen lässt, ist erfolgreicher. Eine Online-Stellenbörse empfiehlt ebenfalls: «In einer räumlich und zeitlich zerrissenen Arbeitswelt ist es umso wichtiger, den Vorgesetzten auf dem aktuellen Stand zu halten und ihn darüber zu informieren, wie man dem Unternehmen nutzen könnte.»

Und Dating-Experte Eric Hegmann rät bei der Partnersuche im Internet auch nur von «übertriebenem Eigenlob» ab. Er empfiehlt: «Stellen Sie sich authentisch und selbstbewusst dar (...) Bei der Online-Partnersuche bleibt kein Platz für Selbstmitleid (...) Versuchen Sie gerade bei der ersten Ansprache einen positiven Grundton zu treffen, damit schaffen Sie gute Voraussetzungen, um den Funken überspringen zu lassen.»

Außerdem kann Bescheidenheit auch schnell in Arroganz umschlagen, wenn man glaubt, der Segen der Menschheit zu sein, und es sich bloß andauernd verkneift, das auch laut zu sagen. Das können sich nur Leute leisten, bei denen es jeder sowieso erkennt. So wie bei mir. Aber das alles ist natürlich leicht gesagt, wenn man so schön, klug, attraktiv und überhaupt rundum gelungen ist wie ich und somit genug zum Angeben hätte, wenn man denn wollte ... Aber glücklicherweise bin ich ja sehr bescheiden.

Nimm die Hände aus den Taschen! 42

Stimmt.

Kommt gern im strengen Befehlston. Und natürlich immer dann, wenn man sich sowieso unsicher fühlt. Denn das ist der Hauptgrund dafür, die Hände in die Hosentaschen zu stecken. Schauspieler lernen: Wer etwas verbergen will, nicht offen ist, der «versteckt» die Hände.

Wer sie aus schierer Langeweile tief in den Jeanstaschen vergräbt, wirkt deshalb nicht vertrauenswürdig.

Deshalb ist für offizielle Termine, von der Konfirmation über den Abschlussball bis hin zum Bewerbungsgespräch, zu raten: Hände aus den Taschen. Vor allem beim Kennenlernen, denn so zeigt man, dass man bereit und willens ist, dem anderen die Hand zu schütteln. Auch danach sollte man sie jedoch nicht wie der stolze Meister Proper vor der Brust verschränken (das wirkt ablehnend und überheblich). Oder sie womöglich wie Fußballer beim Elfmeter vor den Schritt halten (das wirkt ängstlich). Am besten ist: locker hängen lassen. Auch wenn es einem selbst komisch vorkommt – es sieht viel normaler aus, als es sich anfühlt.

48 Eine Hand wäscht die andere.

Stimmt.

Wie denn auch sonst?

Sagten schon die alten Römer: «Manus manum lavat.» Die Rede ist aber natürlich nicht vom echten Händewaschen, denn da ist das ja eine Selbstverständlichkeit. Die Redewendung soll vielmehr bedeuten: Beziehungen müssen gepflegt werden, das lohnt sich für alle Beteiligten. Wenn man der Oma nebenan ab und zu mal was einkauft, gießt sie in den Ferien die Blumen. Hilft man dem besten Kumpel in Bio, dann revanchiert der sich vielleicht mit Nachhilfestunden in Geschichte. Oder mit einer phantastischen Bananenflanke beim Fußball.

Und wenn man den eigenen Eltern ein bisschen bei der Installation von Computerprogrammen behilflich ist, fahren die einen auch gleich viel lieber morgens schnell zur Schule, wenn man «verschlafen» hat, weil es regnet.

In der Natur nennt man solche Beziehungen, von denen beide Seiten etwas haben, eine «Symbiose». Zum Beispiel schützen Ameisen Blattläuse vor Feinden – dafür geben die Blattläuse ihnen Zuckersirup. Und Flusspferde zum Beispiel lassen sich von kleinen Vögeln Insekten vom Rücken picken. Einfache Beute für die Piepmätze – weniger Mückenstiche und Fliegenbisse für Hippopotamus amphibius. Auf Neudeutsch sagt man dazu auch: Es ist eine Win-win-Situation, bei der also beide Seiten gewinnen.

Der Spruch mit dem Händewaschen wird aber auch stirnrunzelnd verwendet, vor allem, wenn es um Wirtschaft oder Politik geht. Meist ist damit Bestechung oder Korruption gemeint. Das bedeutet zum Beispiel: Eine

Firma spendet einer Partei viel Geld für den Wahlkampf. Nachdem die Partei an der Macht ist, bekommt die Firma jede Menge Aufträge. Das passiert bei Bauunternehmen recht häufig. Es können auch faule Kompromisse damit gemeint sein. Zum Beispiel könnte eine Partei einem Gesetz zustimmen, damit die Gegenpartei einem anderen Gesetz zustimmt. So kriegen beide, was sie wollen – aber ob es auch den Wählern und Bürgern dient, ist eine ganz andere Frage.

Die Grenze zwischen guter und dubioser Beziehungspflege ist fließend. Sicher aber kann man sagen: Wenn man mit anderen auskommen möchte, kommt man gar nicht drum herum, ihnen ab und zu mal einen Gefallen zu tun.

44 Wer schreit, hat unrecht.

Stimmt nicht ganz.

Hintergrund des Spruches ist: Man schreit bloß, wenn einem die Argumente ausgegangen sind. Und wer keine (guten) Argumente mehr hat, der hat eben unrecht. Das ist aber nicht richtig, denn nur weil man gerade nicht weiterweiß, hat man ja noch lange nicht unrecht.

Wirklich richtig ist nur der Zusammenhang: Wer schreit, ist wütend. Meistens, weil derjenige sich unterlegen fühlt. Und das muss nicht daran liegen, dass er keine Argumente mehr hat. Der Grund kann auch darin liegen, dass das Gegenüber einfach «mächtiger» ist.

Wenn also zum Beispiel ein Elternteil darauf besteht, dass man keinesfalls auf eine wichtige Party oder ein Konzert gehen darf, was man gefälligst anzuziehen hat, wann man zu Hause sein muss ... dann kann es passieren, dass beide Seiten gute Argumente haben, die Eltern aber auf ihrer Sichtweise bestehen. Basta, aus.

Dass man dann nicht schreien, sondern lieber ruhig bleiben sollte, ist klar. Dass man es manchmal dann trotzdem tut, ist aber schon verständlich.

Ähnlich kann es unter Geschwistern zugehen. Wer hat angefangen, wem gehört die Puppe und wem das Puzzle, und muss man wirklich locker bleiben, wenn einen die kleine Schwester gebissen hat? Es kann viele Gründe geben, sich zu streiten. Und wenn es dabei laut wird, heißt das erst mal nur, dass einer nicht mehr weiterweiß.

Andererseits: Wer schreit, nervt. Wer schreit, kann die anderen ganz bestimmt nicht von der eigenen Position überzeugen. Außerdem besteht immer die Gefahr, dass es danach noch schlimmer wird. Auf Schreien folgt – zumindest unter Geschwistern – schnell auch Schlagen. Und sowieso ist es ja kein schöner Umgang miteinander, wenn man sich gegenseitig so fertigmacht, dass man vor lauter Zorn und Ohnmacht brüllt. Deshalb mein Rat an alle Streithähne: RUHE JETZT, VERDAMMT NOCHMAL!

Man kann den ruhigeren, gelasseneren Ton übrigens üben. Und zwar auch ganz allein. Indem man nämlich einfach damit anfängt. Wenn der andere schreit, bleibt man ruhig und freundlich. Schafft man das nicht gleich, dann holt man eben tief Luft und versucht's beim zweiten Mal. Schreit man selbst, kann man damit aufhören, wenn man merkt, was man da tut, und ruhig und freundlich sagen: «Hey, tut mir leid. Ich war gerade voll frustriert. Aber worum es mir eigentlich geht, ist Folgendes ...» Wenn man das tut, bleibt dem Gegenüber nichts anderes übrig, als auf das neue Verhalten zu reagieren. Und meist wird der andere dann auch wieder ruhiger. Es ist also einen Versuch wert. Und auf die Dauer gewöhnen sich alle Beteiligten an den neuen, besseren Umgang miteinander.

45 Reden ist Silber, Schweigen ist Gold.

Stimmt nicht ganz.

Dieser auf den ersten Blick etwas kryptische Spruch hat eine ganz einfache Bedeutung: Schweigen ist wertvoller als Reden. (Denn Gold ist seltener und damit teurer als Silber.)

Sprachforscher vermuten, dass die Redewendung ihren Ursprung im Orient hat. Man findet sie zum Beispiel im Talmud, einem der wichtigsten Bücher des Judentums. Dort heißt es: «Ist ein Wort ein Sela wert, ist Schweigen zwei Sela wert.» In einem Dokument aus dem 16. Jahrhundert taucht der Spruch das erste Mal in lateinischer Form auf. Im späten 18. Jahrhundert notierte der berühmte Schriftsteller Johann Gottfried Herder in seinen «Zerstreuten Blättern»: «Lerne schweigen, o Freund. Dem Silber gleichet die Rede, aber zu rechter Zeit schweigen ist lauteres Gold.»

Es gibt eine alte lateinische Geschichte, die der römische Philosoph Boëthius in einem seiner Bücher erzählt. Darin behauptet ein Mann, er sei ein großer Philosoph. War er aber nicht. Denn in Wahrheit gab er sich diesen Titel nur aus Eitelkeit, weil es damals ganz chic war, sich so zu nennen. Das fand ein echter Philosoph überhaupt nicht gut und fing an, den Betrüger zu beschimpfen. Nach dem Motto: «Es wird sich schnell zeigen, ob du meine Schmähungen wie ein richtiger Philosoph still und geduldig ertragen kannst.»

Nachdem der so Geschmähte eine Zeitlang schwieg, antwortete er dann aber doch: «Merkst du es? Wie ein echter Philosoph habe ich alles ertragen und nichts gesagt.»

Darauf erwiderte der richtige Philosoph bissig: «Ich hätt's gemerkt, wenn du geschwiegen hättest.»

Dieser Ausspruch findet sich heutzutage frei übersetzt in dem Satz wieder «Wenn du geschwiegen hättest, wärst du ein kluger Mann geblieben». Der Komiker Dieter Nuhr drückt es so aus: «Wenn man keine Ahnung hat, einfach mal die Fresse halten!» Der Philosoph Ludwig Wittgenstein hat es etwas feiner formuliert: «Wovon man nicht sprechen kann, darüber muss man schweigen.» Oder wenn man des Lateinischen mächtig ist: «Narratio argentea, silentium vero aureum est.» («Narratio» ist die Erzählung, «argentea» heißt silbern, «silentium» ist das Schweigen, und «aureum» ist golden.)

Trotzdem gibt es viele Situationen, in denen Schweigen das Dümmste ist, was man tun kann. Wenn man es zum Beispiel total peinlich findet, jeden Morgen vor der Schule von seiner Mutter einen Abschiedskuss auf die Wange gedrückt zu bekommen, hilft nur eins: Mund aufmachen und mit ihr darüber reden. Denn woher soll sie es wissen, wenn man es ihr nicht sagt?

Und was für Mütter gilt, gilt auch für Regierungen. Wenn man in bestimmten Ländern auf der Welt offen seine Meinung vertritt und zum Beispiel sagt, dass alle Menschen gleich behandelt werden sollten – Stichwort Menschenrechte –, dann wird man ins Gefängnis gesteckt. Meist ohne faires Gerichtsverfahren und ohne Hoffnung darauf, jemals wieder freizukommen. Damit diese politischen Gefangenen (also Leute, die nach unseren Gesetzen keine Verbrechen begangen haben) nicht in Vergessenheit geraten, erheben viele Menschen ihre Stimme. Durch freundliche Briefe an die verantwortlichen Regierungen versuchen sie ihnen klarzumachen, dass ihr Tun in der Welt nicht unbeobachtet bleibt und dass sie unbequeme Menschen nicht einfach unbemerkt verschwinden lassen können. Man hofft, dass sie davon ein schlechtes Gewissen bekommen und es sein lassen. Oder dass sie zum Beispiel auf Touristen hoffen und sich deswegen besser benehmen, um das eigene Land für Urlauber attraktiver zu machen.

Da ist Reden und Schreiben auf jeden Fall viel mehr wert als Schweigen. Denn wie heißt es so schön? «Nur sprechenden Menschen kann geholfen werden.» Und denen, die keine Stimme haben, muss man eben eine geben.

46 Ich will/wir wollen doch nur dein Bestes.

Stimmt.

Nützt aber nichts.

Den Spruch hört man immer gern, wenn Einsicht oder Gehorsam fehlen. Man möchte hoffen, dass Eltern, Lehrer, Erzieher, Pastoren, Polizisten, Ärzte, Bademeister und Feuerwehrleute stets unser Bestes wollen. Aber ist das, was sie dafür halten, auch wirklich das Beste?

Kann sein. Oder auch nicht. Ist es wirklich das Beste, jetzt sofort das Zimmer aufzuräumen? Unzweifelhaft ja, wenn schimmelige Essensreste unter dem Bett liegen. Aber wenn es «nur» um Unordnung geht? Was dann? Kann man wirklich nur gut lernen, wenn der Schreibtisch frei ist? Oder gehört ein gewisses kreatives Chaos einfach dazu? Ist ein Zimmer gemütlicher, wenn es ordentlich ist? Oder wenn es erkennbar bewohnt aussieht?

Gelten dieselben Regeln im Wohnzimmer, das alle nutzen, wie in den Kinderzimmern? Oder kann jeder in seinem eigenen Zimmer machen, was er oder sie will?

Man sieht: «Das Beste» ist gar nicht so leicht festzustellen. Die Eltern eines Freundes von mir haben ihn zum Beispiel mit 15 auf eine Englisch-Sprachreise geschickt. Obwohl er dazu gar keine Lust hatte. Sicher wollten sie nur sein Bestes. Ihm hat es aber das Gefühl gegeben, seinen Eltern ist ganz egal, was er will. Die machen sowieso, wonach ihnen der Sinn steht. Er hat ihnen danach nie wieder so vertraut wie vorher.

Der Stoßseufzer «Ich will doch nur dein Bestes!» signalisiert auch, dass dem Gegenüber die Argumente ausgegangen sind. Denn wenn jemand erklären könnte, warum irgendwas das Beste ist, würde er oder sie das ja tun. Also kann man nur versuchen, den guten Willen dahinter zu sehen. Wenn es einem wichtig ist, mit eigenen guten Argumenten dagegenzuhalten, statt zickig und verstockt zu bleiben. Und in der allerhöchsten Not hilft der alte Konterspruch: «Ihr wollt alle nur mein Bestes – aber ihr bekommt es nicht!»

47 Bei Nasenbluten den Kopf nach hinten legen.

Stimmt nicht.

Hat man früher so gemacht. Größter Nachteil: Das Blut läuft in den Magen, gerinnt dort und verursacht Übelkeit. Dann muss man kotzen, und spätestens dadurch platzt die gerade verschorfte Nasenwunde wieder auf.

Heute empfiehlt man, ein kühles Tuch in den Nacken zu legen oder bei starker Blutung mit einem (feuchtkühlen) Tuch die Nasenflügel sanft zusammenzudrücken. Andere sagen, man solle lieber nur auf den Nasenrücken drücken. Tuch oder Eisbeutel im Nacken sorgen dafür, dass sich die Blutgefäße zusammenziehen und die Blutung abnimmt. Gerät trotz allem versehentlich Blut in den Rachen, sollte man es ausspucken und nicht runterschlucken. Das ist nicht nur gesünder, sondern auch viel dramatischer!

Auch von den beliebten Nasenpfropfen aus Klopapier, die aussehen, als hingen einem Mini-Tampons aus der Nase, raten Experten ab. Denn wenn man sie entfernt, reißt man die dünne Schorfschicht wieder auf.

Wichtig: Kann die Blutung nicht innerhalb einer Viertelstunde gestoppt werden, muss man zum Arzt gehen oder in die Notaufnahme im Krankenhaus. Bei der Gelegenheit kann man endlich mal rauskriegen, ob die Sonderausstattungs-Rückbankpolster wirklich so fleckenabweisend sind, wie die Werbung behauptet hat.

(Und für den Fall, dass nicht, hier gleich noch eine weitere Elternregel: Blut geht am besten mit kaltem Wasser raus, denn heißes Wasser lässt die Eiweiße gerinnen, und dann klebt der ganze Schmutz auf ewig im Stoff.)

48 Bei Verbrennungen hilft kaltes Wasser.

Stimmt.

Erste Hilfe muss immer schnell geleistet werden, deshalb hier in aller Kürze das Wichtigste: Wenn man sich verbrannt hat, muss man die Stelle kühlen. Fließendes, kaltes Leitungswasser eignet sich am besten.

Geht es um mehr als eine kleine Verbrennung am Finger von einer Kerzenflamme, dann sind folgende Schritte wichtig.

Wenn die Kleidung brennt: Löschen! Mit Decken oder durch Wälzen am Boden die Flammen ersticken. Und dann raus aus der Gefahrenzone, weit weg von den übrigen Flammen. Danach die betroffenen Körperstellen kühlen und die Feuerwehr und den Notarzt rufen. (112 – kann man sich leicht merken.)

Wenn die Kleidung heiß ist oder weiter schwelt: Mit Wasser löschen und ausziehen! Sollten Kleidungsstücke an der Haut kleben, nicht mit Gewalt abreißen, sondern auf den Notarzt warten. Und die Stellen kühlen.

Wenn man sich verbrüht hat und die Kleidung voll mit heißem Wasser ist: Sofort die Sachen ausziehen! Und die verbrühten Körperteile unter Leitungswasser halten und kühlen. Falls das nicht geht, helfen auch nasse kalte Waschlappen.

Ist die verbrannte Stelle größer als eine 1-Euro-Münze oder entzündet sich, dann sollte die Verbrennung von einem Arzt versorgt werden.

Wenn die verbrannten Stellen größer sind als die Handfläche des Verletzten, dann sollte auf jeden Fall der Notarzt gerufen werden.

So, nachdem nun die Erstversorgung einigermaßen

geregelt ist und wir alle hoffentlich unversehrt sind, kann ich ja jetzt ein bisschen in die Tiefe gehen.

Normalerweise sorgt der Körper ganz gut für sich selbst. In der Haut befinden sich Sensoren, die auf alle möglichen Reize ansprechen. Von diesen freien Nervenendigungen, wie der Fachmann sagt, gibt es durchschnittlich 150 Stück pro Quadratzentimeter Haut. Diese Sensoren reagieren unter anderem auch auf Temperaturen. Bei ungefähr 36 bis 45 °C sagt sich unser Körper: «Ja, das ist eindeutig wärmer als normal.» Ab einer Temperatur von 45 °C heißt es dann schon: Willkommen im Reich der schmerzhaften Hitzeempfindung.

Spätestens dann ziehen wir unsere Hand ganz automatisch blitzartig von der heißen Herdplatte und verhindern so schlimmere Verletzungen. Denn bei Temperaturen zwischen 45 und 50 °C dauert es nur wenige Minuten, bis die Haut Verbrennungserscheinungen zeigt. Ab 50 bis ungefähr 70 °C ist es nur eine Frage von wenigen Sekunden – und ab 70 °C gar nur von Sekundenbruchteilen, bis die Haut von der Hitze schlimm geschädigt ist.

Solche hohen Temperaturen können vom Körper nicht mehr ausgeglichen werden – weder durch übermäßiges Schwitzen noch infolge des üblichen Abtransports der Wärme durch den Blutkreislauf. Deshalb hilft es, wenn man die heißen Stellen unter kaltes Wasser hält. Das kalte Wasser entzieht dem Körper die Hitze und kühlt die heißen Stellen ab. Das heißt, das kalte Wasser wird etwas wärmer, und der heiße Körper wird deshalb gleichzeitig etwas kälter. Damit verhindert man unter anderem auch, dass die verbrannten Areale im Nachhinein noch größer werden. Außerdem lindert die Kühlung den Schmerz.

Schmerzen sind übrigens auch wichtig für die Bestimmung des Verbrennungsgrades. Es gibt vier Einteilungen. Verbrennungen ersten Grades erkennt man an roter Haut, leichten Schwellungen und Schmerzen. Verbrennungen zweiten Grades haben zusätzlich noch Brandblasen – und stärkere Schmerzen. Verbrennungen dritten Grades zeichnen sich dadurch aus, dass die betroffenen Hautstellen abgestorben sind – und damit auch die Nervenendigungen. Deshalb hat man bei Verbrennungen dritten Grades auch kein Schmerzempfinden mehr an den betroffenen Stellen. Verbrennungen vierten Grades sind die schlimmsten Verbrennungen. Die Haut ist schwarz verkohlt, die Verbrennungen können bis auf die Knochen gehen. Und auch hier gibt es keine Schmerzen, weil alle Nervenendigungen zerstört sind.

Während sich die Haut bei Verbrennungen ersten und zweiten Grades wieder vollständig erholen kann – eventuell gibt es bei zweitgradigen Verbrennungen Narben –, sind die Schäden bei dritt- und viertgradigen Verbrennungen nicht mehr rückgängig zu machen.

Genauso schädlich wie Verbrennungen sind übrigens auch Erfrierungen. Deshalb sollte das Wasser, mit dem die Verbrennung gekühlt wird, nicht viel kälter als 15 °C sein. Also nicht mit Eis kühlen – das eignet sich allerhöchstens zum Trösten hinterher.

Doof bleibt doof, da helfen keine Pillen. 49

Stimmt nicht ganz.

Klar gibt es Leute, die stehen einfach immer auf dem Schlauch, und ihnen wird auch nie zu helfen sein. Man hat inzwischen nachgewiesen, dass der Intelligenz-Quotient (auch IQ genannt) von der Umwelt und dem Erbmaterial abhängt. Wie klug jemand ist oder erscheint, wird also vor allem durch die Eltern und das soziale Umfeld festgelegt.

Manchmal kann scheinbare «Dummheit» aber auch krankheitsbedingt sein. Es gibt zum Beispiel das sogenannte «Aufmerksamkeits-Defizit-Syndrom» (kurz: ADS), meist gekoppelt mit Hyperaktivität zum «Aufmerksamkeits-Defizit-Hyperaktivitäts-Syndrom» (ADHS). Das sind Menschen, die sehr unruhig sind und sich ganz schlecht auf eine Sache konzentrieren können. Darüber gibt es eine berühmte Geschichte, nämlich die vom «Zappel-Philipp» im Kinderbuch «Struwwelpeter». Er kippelt beim Essen mit dem Stuhl, bis er hintenüberfällt und das Tischtuch samt Essen und Geschirr runterreißt.

Wer an dieser Krankheit leidet, dem können heute tatsächlich Pillen helfen. Sie machen es leichter, sich mit nur einer Sache zu beschäftigen. Dann kam man zum Beispiel besser lernen oder Arbeiten schreiben. Es gibt auch andere Behandlungsmöglichkeiten, und es ist nicht ganz einfach, die richtige zu wählen.

In diesem Zusammenhang fällt mir eine Geschichte ein, die Sir Ken Robinson mal bei einem Vortrag erzählt hat. Herr Robinson ist Brite und forscht darüber, wie sich Kreativität bei Menschen entwickelt und bemerkbar macht.

Er berichtete von Gillian Lynne, einem Mädchen, das in den dreißiger Jahren des letzten Jahrhunderts in Eng-

land zur Schule ging und große Probleme hatte, still zu sitzen und sich zu konzentrieren. Heutzutage würde man sagen, klarer Fall von ADHS – nur war das damals noch nicht erfunden.

Die Schulprobleme wurden so schlimm, dass Gillian mit ihrer Mutter zu einem Spezialisten ging, der sich alles in Ruhe anhörte. Dann sagte er zu der kleinen Patientin, er müsse mal kurz allein mit ihrer Mutter reden. Er stellte das Radio an und verließ mit der Mutter den Behandlungsraum. Draußen vor der Tür sagte er zu ihr: «Schauen Sie sich mal Ihr Kind an!» Gillian konnte nicht länger still sitzen und tanzte zur Musik aus dem Radio. Er sprach weiter: «Ich habe mir alle Probleme Ihrer Tochter angehört – und ich muss Ihnen sagen: Ihr Kind ist nicht krank. Ihr Kind ist eine Tänzerin! Stecken Sie sie in eine Tanzschule.»

Und was passierte? Die Mutter befolgte den Rat des Arztes, Gillian Lynne landete in einer Schule, wo die meisten so unruhig und zappelig waren wie sie, wo die meisten nur klar denken konnten, wenn sie sich bewegten. Es war das Beste, was ihr passieren konnte – aus ihr wurde eine erfolgreiche Ballett-Tänzerin, Schauspielerin und Regisseurin. Irgendwann traf sie auf Andrew Lloyd-Webber und schrieb die Choreographien für «Cats» und «Das Phantom der Oper». Mit ihrer Arbeit macht sie Millionen von Menschen glücklich, und sie verdient damit richtig viel Geld. Heutzutage hätte sie wahrscheinlich ein paar Pillen bekommen, inklusive des Ratschlags, sich zu beruhigen und endlich mal still sitzen zu bleiben.

Kein Wunder, dass Fachleute immer wieder beklagen, dass die Medikamente gegen ADHS zu schnell und zu oft verschrieben werden. Was den abwertenden Spruch angeht, kann man eindeutig sagen: Man bleibt, wie man ist. Pillen machen diesen Zustand vielleicht erträglicher, aber ein Allheilmittel sind sie nicht.

50 Lachen ist die beste Medizin.

Stimmt.
   Wer lacht, lebt länger und gesünder. Und hat – logisch – auch mehr Spaß am Leben.
   Schon der römische Philosoph Quintus Horatius Flaccus wusste: «Ein Scherz, ein lachend Wort, entscheidet oft die größten Sachen treffender und besser als Ernst und Schärfe.» Doch mit dieser Lockerheit war es bald vorbei, im Mittelalter herrschte düsterer Ernst, und in Meyers Konversationslexikon von 1900 stand folgende verblüffende Definition: «Lachen ist eine eigentümliche Modifikation der Atembewegungen, bei der die Ausatmung in mehreren schnell hintereinander folgenden Stößen unter mehr oder weniger starkem Schall ausgeführt wird, während die Einatmung meist in einem kontinuierlichen, etwas beschleunigtem und tiefem Zug geschieht (…) Diese Bewegung ist stets mit einer Zusammenziehung der mimischen Gesichtsmuskeln verbunden, die im Wesentlichen auf eine Verbreiterung der Mundspalte und Hebung der Mundwinkel hinausläuft.»
   Offensichtlich fand man das Lachen schon ganz schön befremdlich. Heutzutage sieht man das glücklicherweise anders: Humor belebt, entlastet, heilt. In den USA sind Besuche von speziell ausgebildeten Clowns in Krankenhäusern mittlerweile üblich, und auch in Deutschland werden sie immer häufiger. Man kann inzwischen nachweisen, dass durch Lachen das Schmerzempfinden um ein Drittel abnehmen kann! Lachen hilft sogar bei Kopfschmerzen, Krebs, Aids, Herzerkrankungen und Depressionen. Und sogar bei schwierigen Gesprächen: «Was man ernst meint, sagt man am besten im Spaß», riet Wilhelm Busch.

Mediziner haben herausgefunden: Wer sich vor Lachen ausschüttet, bewegt nicht nur die meisten der 21 Gesichtsmuskeln, sondern aktiviert insgesamt sogar 80 Muskeln. Und eine Minute lachen ist so erfrischend wie 45 Minuten Entspannungstraining. Außerdem wird das Nervensystem angeregt, bestimmte Stoffe zu produzieren, die für gute Laune sorgen. Komik aktiviert das sogenannte «Belohnungszentrum» im Gehirn. Heißt: Wer erst mal anfängt mit dem Lachen, ist auch hinterher besser drauf.

Ein verhärtetes Dauergrinsen, wie es zum Beispiel Kellner, Stewardessen oder Verkäufer aufsetzen müssen, schadet allerdings mehr. Freundlichsein gegen den eigenen Willen ist reiner Stress, weil man seine wahren Gefühle unterdrücken muss.

Auch Humor als Waffe einzusetzen bringt der Gesundheit nichts. Wer beißende Witze macht, um von eigenen Fehlern abzulenken, oder wer den Klassenkasper gibt, um auf sich aufmerksam zu machen, bessert damit die Situation nicht im Geringsten.

Was hilft, ist nur ein echtes Lächeln, bei dem sich nicht nur die Mundwinkel nach oben ziehen, sondern an dem auch die Augenmuskulatur beteiligt ist. Der Witz: Setzt man bewusst ein solches Gesicht auf, auch wenn einem gar nicht danach ist, fühlt man sich trotzdem besser, weil der Körper auf die Muskelbewegungen reagiert.

Doch Spaß beiseite, natürlich hatte der Schriftsteller Bertolt Brecht recht, als er bemerkte: «In einem Land zu leben, wo es keinen Humor gibt, ist unerträglich, aber noch unerträglicher ist es in einem Land, wo man Humor braucht.»

Und der Verhaltensforscher Konrad Lorenz mahnte gar: «Ich glaube, dass wir heute den Humor noch immer nicht ernst genug nehmen.»

Hier können Erwachsene wahrlich von jungen Menschen lernen. Denn die bringen es im Kindergarten- und Schulalter noch auf bis zu 400 Lacher täglich. Mit der Volljährigkeit fällt die Lachkurve steil ab. Erwachsene lachen bzw. lächeln durchschnittlich nur noch 15-mal am Tag. Und die Gesamtzeit nimmt ebenfalls ab: Ende der fünfziger Jahre des zwanzigsten Jahrhunderts zählt man noch 18 freundliche Minuten pro Tag, heute sind es schlappe sechs.

Immerhin: Frauen lachen doppelt so häufig wie Männer.

Wer üben will: In fast allen großen Städten gibt es Lachclubs oder Lachyoga-Treffen. Einfach am nächsten Weltlachtag – dem ersten Sonntag im Mai – mal hingehen und sich anstecken lassen.

(Na, Wortwitz bemerkt? Wie «ansteckend» Lachen ist, steht am Schluss vom Text zu «Lachen ist die beste Medizin». Brüller, oder?)

Gähnen ist ansteckend. 51

Stimmt.

Diese Behauptung schreit ja förmlich nach einem Versuch. Dauert auch gar nicht lange – ungefähr sechs Sekunden. Der Versuch allerdings ist nur durchführbar, wenn noch andere Menschen anwesend sind.

Bereit? Dann bitte jetzt mal herzhaft gähnen! Das geht ganz einfach: den Mund leicht öffnen und die Zungenspitze ein wenig anheben – bei mir knackt es dann immer leicht zwischen den Ohren –, einatmen, den Mund noch weiter öffnen, die Augen schließen, noch tiefer einatmen, bis man das gute Gefühl einer vollen Lunge hat – und dann mit einem beherzten Seufzen ausatmen.

Ahhh, das tut gut!

Während ich das geschrieben habe, habe ich mindestens achtmal gegähnt. Und selbst? Bitte, keine Hemmungen, ich werte das Gähnen ausnahmsweise nicht als Zeichen von Langeweile. Selbst elf Wochen alte Babys im Mutterbauch gähnen manchmal – und Langeweile kennen die garantiert noch nicht.

Gähnen ist vergleichbar mit Strecken. Das haben führende Gähnforscher herausgefunden. Genau wie beim Strecken spannen sich auch beim Gähnen viele Muskeln an, das Herz schlägt ein bisschen schneller, und der Blutdruck steigt. (Jetzt ist auch klar, warum viele Menschen direkt nach dem Aufwachen gähnen und sich strecken, obwohl sie die ganze Nacht geschlafen haben: Der Körper bringt sich auf diese Weise langsam auf Touren.) Und genau wie beim Strecken bleibt auch beim Gähnen ein wohliges Gefühl zurück. Das hat eine sehr entspannende Wirkung.

Wie wichtig dieses Gefühl für ein komplettes Gähnen ist, hat Robert Provine, ein Neuropsychologe an der Universität von Maryland in den USA, herausgefunden. Er hat sich intensiv mit dem Gähnen beschäftigt und ein paar Versuche entwickelt, die jeder zu Hause durchführen kann und durch die man ein paar Dinge über das Gähnen lernen kann. Hier kommt Versuch Nummer eins: Bitte einmal anfangen zu gähnen und dann aber die Nase zuhalten.

Und? Sicher gab es dieses entspannende Gefühl. Denn für erfolgreiches Gähnen ist keine Nasenatmung nötig.

Versuch Nummer zwei ist etwas schwieriger: Bitte wieder anfangen zu gähnen, jetzt aber die Zähne zusammenbeißen und weiter durch die offenen Lippen atmen.

Schlimm, oder? Wenn man die Zähne zusammenbeißt, wird man irgendwie mit dem Gähnen nicht fertig. Daran kann man sehen, dass auch das Dehnen des Kiefers wichtig ist.

Und jetzt Versuch Nummer drei: Bitte wieder gähnen, aber dieses Mal mit geschlossenem Mund durch die Nase einatmen.

Und? Wieder hat man das Gefühl, kurz vorm Ende des Gähnens hängenzubleiben und nicht weiterzukommen. Grässlich. Aber auch lustig, denn das heißt, dass sich nicht nur der Kiefer, sondern auch der Mund öffnen muss, damit sich das entspannende Gähngefühl einstellt. Neben diesem Gähngefühl hat das Gähnen aber noch ganz andere Zwecke.

Die amerikanischen Wissenschaftler Gordon Gallup und Andrew Gallup von der Albany-Universität in New York haben festgestellt, dass Gähnen für einen kühlen Kopf sorgt. Da sich beim Gähnen Blutdruck und Puls erhöhen, wird das Gehirn besser durchblutet. Das wiederum sorgt für einen gesteigerten Wärmeaustausch, und das Hirn kühlt sich ab.

Gähnen ist natürlich auch ein Zeichen für Müdigkeit und kann als Warnsignal des Körpers gedeutet werden. Wenn man zum Beispiel mitten in der Nacht Auto fährt und ununterbrochen gähnt, sollte man ernsthaft überlegen, ob eine Pause nicht doch sinnvoll wäre. Bevor man im Sekundenschlaf gegen die Leitplanke rast.

Und natürlich kann Gähnen auch ein Zeichen von Langeweile sein. In Versuchen konnten Forscher nachweisen, dass gelangweilte Menschen häufiger gähnen.

Aber auch in Momenten großer Anspannung – zum Beispiel bei Musikern kurz vor einem Auftritt oder bei Leichathleten kurz vor einem Wettkampf – kommt es verstärkt zu Gähn-Attacken. Auch das könnte mit der Kühlung des Gehirns zusammenhängen. Oder aber der Körper versucht einfach nur, sich irgendwie Entspannung zu verschaffen.

Alles schön und gut, aber wie ist das mit Ansteckungsgefahr beim Gähnen? Also: Gähnen ist tatsächlich ansteckend. Das haben wissenschaftliche Versuche ergeben. Dabei reicht es teilweise schon aus, nur ein Foto von einer gähnenden Person zu sehen, um selbst gähnen zu müssen. Dieses Verhalten scheint ein Überbleibsel unserer urzeitlichen Vorfahren zu sein. Wenn der Stammesälteste der Meinung war, es sei Zeit, schlafen zu gehen, dann gähnte er – und gab so das Signal an alle anderen: ab in die Höhle, Zeit zum Schlafen. Wie sinnvoll so ein Verhalten ist, lässt sich auch in modernen Familien erkennen. Angenommen, vier von fünf Familienmitgliedern gehen um 21 Uhr ins Bett. Der Fünfte aber macht durch bis drei Uhr morgens. Wenn alle zusammen frühstücken wollen, um dann zeitig zu Onkel Horst und Tante Theresia zu fahren, dann ist der Nachtschwärmer ein Riesenbremsklotz, weil er so verschlafen ist, dass alle immer auf ihn warten müssen. Diese Art von Verhalten hätte vor Urzeiten, als unsere

Vorfahren noch nicht das Ende der Nahrungskette waren, den sicheren Tod bedeutet. Deshalb, vermuten Forscher, sorgte das Gähnen früher auch dafür, dass die einzelnen Mitglieder einer Gruppe oder eines Stammes dieselben Dinge zur selben Zeit taten. Das verbesserte ihre Überlebenschancen ungemein.

Die Forschungsarbeiten sind übrigens noch lange nicht abgeschlossen. Denn dummerweise nicken die Gähnforscher zwischendurch immer wieder ein.

52 Morgenstund hat Gold im Mund.

Stimmt nicht ganz.

Die Herkunft dieser Redewendung ist nicht hundertprozentig sicher geklärt. Es gibt Forscher, die davon ausgehen, dass mit diesem Spruch Aurora gemeint ist, die römische Göttin der Morgenröte, die gelegentlich mit Gold im Mund und in den Haaren dargestellt wird. Dafür spricht auch das lateinische Sprichwort «aurora musis amica». Übersetzt ins Deutsche: «Die Morgenröte ist den Musen hold.» Das bedeutet – Möglichkeit A: Morgens in der Früh lässt es sich am besten arbeiten. Oder – Möglichkeit B: Wenn man früh am Morgen anfängt zu arbeiten, kann man am meisten erledigen.

Ist Möglichkeit A durchaus fragwürdig, so kann Möglichkeit B rein rechnerisch schon aufgehen. Ganz sicher ist aber, dass man nur dann das Gold der Morgenröte mitbekommt, wenn man früh aufsteht. (Und natürlich, wenn das Wetter entsprechend ist.)

Morgenröte ist die rötlich-goldene Färbung des Himmels kurz vor Sonnenaufgang – vergleichbar mit dem Abendrot. Wie diese romantische Lichtstimmung zustande kommt, kann man mit einem völlig unromantischen Versuch selbst ausprobieren. Eine Taschenlampe, ein Glas Wasser und ein paar Tropfen Milch sind alles, was man braucht.

Wenn man mit der Lampe in das Wasser strahlt, dann ist das so wie bei uns tagsüber auf der Erde: Die Taschenlampe ist die Sonne, und das Wasser ist die Erdatmosphäre. Das Licht der Lampe scheint mehr oder weniger weiß. Das bedeutet, in dem Licht der Sonne sind alle Farben zu Weiß zusammengemischt.

Kurzer Einschub für die Leute, die den Unterschied zwischen additiver und subtraktiver Farbmischung nicht kennen: Wenn man verschiedenfarbige Lichter mischt, funktioniert das etwas anders, als wenn man verschiedene Farben aus dem Wassermalkasten mischt. Die Farben aus dem Malkasten ergeben am Ende zusammen Schwarz. Das wird subtraktive Farbmischung genannt. Die Farben des Lichts dagegen mischen sich zu Weiß – das ist die additive Farbmischung. Zurück zur Morgenröte.

Wenn die Sonne aufgeht, muss das Sonnenlicht einen längeren Weg durch die Erdatmosphäre zurücklegen. Das lässt sich an einem Globus ganz gut sehen. Da, wo der Tag dämmert und die Sonne niedrig am Himmel steht, ist der schräge Weg durch die Lufthülle der Erde länger als da, wo es gerade Mittag ist und die Sonne hoch am Himmel steht. Wenn das Sonnenlicht aber einen längeren Weg durch die Atmosphäre zurücklegen muss, dann trifft es auch auf viel mehr Gas- und Staubteilchen, die in der Atmosphäre rumschweben. Im Wasserglas kann man diese Teilchen einfach simulieren, indem man ein bisschen Milch ins Glas kippt und umrührt. Die Milch macht das Wasser trübe. Und wenn man jetzt noch einmal mit der Taschenlampe leuchtet, dann hat das Licht tatsächlich seine Farbe etwas verändert. Es ist roter geworden. Durch die Milch im Wasser kommen Rot und Orange aus dem Licht der Lampe viel besser zur Geltung. Alle anderen Farben wurden durch die Milch so zerstreut, dass sie unser Auge gar nicht mehr erreichen. Genauso machen es auch die Gas- und Staubteilchen in der Erd-Atmosphäre. Wenn die Sonne tief am Horizont steht, sehen wir nur noch das rote und orangefarbige Licht. Und das sorgt dann für diese atemberaubenden Sonnenaufgänge früh am Morgen.

Aber die wohl beste Erklärung für «Morgenstund hat Gold im Mund» kommt von meinem Nachbarn, den ich früher morgens immer durch die Wände husten gehört habe. Während der Nacht kann es schon mal passieren, dass sich im Hals und im Rachen jede Menge Schleim ansammelt. Das Erste, was viele Menschen – auch mein ehemaliger Nachbar – morgens machen: Schleim raushusten. Und welche Farbe hat Schleim normalerweise? Richtig: schön golden. Deshalb also: Morgenstund hat Gold im Mund. Trockenes Brötchen dazu, und das Frühstück ist auch schon abgehakt.

Fitnesscenter sind nichts für Kinder. 53

Stimmt nicht.

Früher dachte man, vor allem Krafttraining schade Kindern und Jugendlichen. Denn die wachsen ja noch, und man glaubte, ihr Körper wäre mit den Übungen und Gewichten überfordert.

Heute weiß man: alles Unsinn.

Experten raten dazu, im Alter zwischen 15 und 20 eher Kondition zu trainieren, als Kraft aufzubauen. Unter fachlicher Aufsicht ist aber nichts dagegen einzuwenden, im Fitnessstudio zu trainieren. Entweder zusätzlich zu einer anderen Sportart oder auch nur für sich. Man muss allerdings wissen, dass wegen des Wachstums das Kraft-Last-Verhältnis schwankt. Das bedeutet: Man schafft nicht jedes Mal gleich viel. Richtig dicke Muskelpakete wie ein Bodybuilder aufzubauen ist in diesem Alter schwierig und nicht zu empfehlen.

Speziell übergewichtigen Jugendlichen wird heute sogar Training an Geräten empfohlen, weil man dabei wenig falsch machen kann. Auf diese Weise lässt sich die Körperhaltung verbessern, sodass spätere Schäden vermieden werden oder geringer ausfallen. Wer viel zu dick ist, bekommt zum Beispiel leichter Rückenprobleme. Eine guttrainierte Rückenmuskulatur kann dagegen von Vorteil sein. Dabei ist die Zeit vor der Pubertät (etwa von sechs bis zwölf Jahren) sowie nach deren Ende (ab ungefähr 15 Jahren) besser geeignet als die Jahre, in denen man zwischen zwei Trainingseinheiten unerwartet zehn Zentimeter in die Höhe schießt und drei Paar neue Turnschuhe pro Woche braucht.

Generell gilt für junge Menschen, was auch für Rentner gilt: Ein kräftiges «Muskelkorsett» gibt dem Körper Halt und schützt die Wirbelsäule. Außerdem kann man, wenn man mehr Kraft hat, auch in anderen Sportarten – von Ballspielen bis Turniertanz – leichter punkten.

Im Fitnesscenter wird sowieso für jedes Mitglied ein persönlicher Übungsplan zusammengestellt. Er muss bei jungen Menschen allerdings häufiger überprüft werden als bei Erwachsenen. Weil das mehr Arbeit bedeutet, und weil viele Trainer auch nicht wissen, was bei Jugendlichen zu beachten ist, nehmen manche Studios Mitglieder erst ab 18 auf.

Sportmedizinisch gibt es dafür keinen Grund.

Wenn das eine Studio einen nicht nehmen will, einfach mal in einem anderen anrufen. Wenn das ein bisschen weiter weg ist – umso besser. Dann kann man mit dem Rad hinfahren und hat die erste Trainingseinheit schon vor dem Umziehen erledigt.

Wahrscheinlich bist du im Krankenhaus verwechselt worden. 54

Stimmt nicht. Meistens.

Obwohl es manchmal doch auch ganz schön wäre, wenn sich die Hoffnung bewahrheitete: Diese Leute sind vielleicht gar nicht meine Eltern.

Wenn aber wirklich mal irgendwo Kinder vertauscht werden, wird darüber weltweit berichtet. Das ist ein sicheres Zeiten dafür, dass es höchst selten vorkommt.

Aber wie halten die Kinderkrankenschwestern die vielen Säuglinge eigentlich auseinander? Mit Hilfe kleiner Armbänder. Die leitende Hebamme Anne Brack vom Maria-Josef-Hospital in Greven erklärt: «Die Babys landen bei uns aus dem Bauch von Mama auf dem Bauch von Mama.» Direkt nach der Geburt wird dem neuen Erdenbürger ein winziges Armband mit Name und Geburtsdatum umgelegt. Es ist so eng, dass es nicht abfallen kann. Solche Bändchen kennt man auch als «Eintrittskarten» von Konzerten oder Festen oder All-inclusive-Urlaubsreisen. Das passiert noch im Kreißsaal, dem Krankenhauszimmer, in dem die Kinder zur Welt kommen. Der Name hat übrigens nichts mit Geometrie zu – «Kreis» wird ja auch mit einem normalen «s» geschrieben –, sondern eher mit Schreien. Denn ein altes Wort für «gellend schreien» lautet «kreißen». Heute würde man eher «kreischen» sagen, weshalb «Kreißsaal» nichts anderes heißt als «Kreischsaal».

Zurück zum Thema: Erst wenn Mutter und Kind die Klinik verlassen, schneiden die Eltern das Armband ab. Viele heben es auf – als kleine Erinnerung, die in das Kästchen mit der Nabelschnur und dem Mutterkuchen gelegt wird.

Dennoch ist das Verfahren natürlich nicht absolut sicher. Obwohl es eigentlich nicht passieren sollte, wird das kleine Armband manchmal doch zum Baden abgenommen. Und obwohl eigentlich immer nur ein Baby gewaschen werden soll, kann einem ja immer mal was dazwischenkommen ... Und schon liegen da zwei armbandlose Wichte in ihren Wiegen – und welcher war jetzt nochmal welcher?

Um auch diese Fehlerquelle auszuschließen, wird immer wieder überlegt, Strichcodes oder wasserfeste Stempel einzusetzen. Das ist aber teurer und aufwendiger.

Und wie kommt so eine Verwechslung eigentlich raus? Ganz schnell, wenn ein Kind zum Beispiel bei der Geburt fünf Kilo wog, eine Woche später aber nur noch drei auf die Waage bringt. Oder wenn aus einem Jungen ein Mädchen wird. Auch eine unerwartete Hautfarbe ist ein guter Hinweis. (Allerdings brachte eine hellhäutige Mutter in Großbritannien mal dunkelhäutige Zwillinge zur Welt. Der weiße Ehemann war empört – es stellte sich dann aber heraus, dass bei der künstlichen Befruchtung die Samenspenden verwechselt worden waren. Kann ja mal vorkommen: Samen sehen gleicher aus als Babys, und man kann ihnen auch viel schlechter ein Armband umlegen.)

Später wird's schwieriger. Manchmal kommt den Eltern das eigene Kind fremd vor, ohne dass sie begründen könnten, woran das liegt. Vielleicht sieht es keinem so richtig ähnlich, oder es ist ein total ruhiges Kind, während die Eltern beide eher totale Nervensägen sind.

Ganz hart wird's, wenn eine Verwechslung jahrzehntelang unentdeckt bleibt. 1973 kam in Las Palmas auf den Kanarischen Inseln ein Zwillingspärchen zur Welt. Wenige Tage später wurde eines der Mädchen mit einem anderen Baby vertauscht. Das heißt: Das eine Zwillingsmädchen wuchs in der leiblichen Familie auf, das andere bei fremden Eltern. Deren Tochter wiederum wurde als Zwilling großgezogen, ohne es zu sein. Aufgeflogen ist das Chaos durch einen Zufall: Eine Frau traf in einem Laden ihre beste Freundin – doch die erkannte sie nicht. Als sie die wahre beste Freundin und die Unbekannte zusammenbrachte, war die Ähnlichkeit unübersehbar. Da waren die Mädchen allerdings schon junge Frauen von zwanzig Jahren. Und glücklich sind sie mit der Wahrheit nicht geworden: «Ich möchte meine Familie wiederhaben, mit der ich die besten Jahre meines Lebens verbracht habe», sagte der Single-Zwilling. «Für meine echte Schwester und Mutter kann ich niemals dieselbe Liebe spüren. Ich hätte lieber mit dem Betrug weitergelebt.»

Es zeigt sich: Die genetische Verbundenheit zwischen Eltern und Kindern (und auch Geschwistern) ist das eine. Die gemeinsam verbrachte Zeit und die gegenseitige Liebe das andere. Beides ist wichtig. Im Zweifelsfall trumpft aber Liebe über Bluttests.

Pech im Spiel, Glück in der Liebe

Stimmt nicht.

Obwohl es manchmal so aussieht: Die deutschen Fußballer hatten Pech bei der EM 2007, aber fast alle ihre Frauen oder Freundinnen dabei – waren also wenigstens erfolgreich verliebt.

Doch eigentlich ist dieser Spruch nur eine Art, jemandem zu sagen: Tja, das ist jetzt dumm gelaufen, aber irgendwas anderes wird schon klappen. Da sowohl das Glücksspiel als auch die Liebe vom Zufall abhängig sind, geht man davon aus: Wer schon im Roulette verloren hat, den verlässt nicht auch noch am gleichen Tag die Freundin.

Aber die beiden Ereignisse sind ja voneinander unabhängig. Man sagt auch: Es besteht keine «Kausalität».

Es gibt den Spruch übrigens auch umgekehrt: «Glück im Spiel, Pech in der Liebe». Das stimmt aber genauso wenig.

Es ist wie die Hoffnung, endlich mal im Lotto zu gewinnen, weil man ja schon so lange mitspielt. Aber jede Woche ist die Wahrscheinlichkeit zu gewinnen wieder genau gleich hoch.

Bei jedem Würfeln ist es auch genau gleich wahrscheinlich, eine Eins, eine Sechs oder irgendeine der anderen Zahlen zu erwischen.

Aber auf die Dauer werden beim Würfeln natürlich alle Zahlen mal drankommen. Und so ist es auch mit dem Lottospielen: Kreuzt man jede Woche in 60 Tippkästen (das sind fünf volle Scheine) die gleichen Zahlen an, gewinnt man auch irgendwann. Und zwar, rein rechnerisch betrachtet, nach 4500 Jahren. Umgekehrt betrachtet heißt das: Wer jede Woche fünf Scheine abgibt, hat eine Chance von 1 Prozent, innerhalb von 45 Jahren einmal sechs Richtige zu schaffen.

Nach der gleichen Logik ist es unwahrscheinlich, dass zwei richtig blöde Ereignisse (Auto beim Pokern verzockt, Freundin abgehauen) gleichzeitig eintreten. Und genauso selten wird es zweimal richtig gut gehen: Freundin beim Pokern gewonnen, Traumauto endlich lieferbar.

Meistens geht eins gut, eins schlecht. Oder genauer gesagt: Meistens läuft beides durchschnittlich und damit nicht weiter erwähnenswert.

So oder so gibt es aber eben leider keinen Zusammenhang zwischen den einzelnen Sachen, die passieren. Dass man also Glück in der Liebe hat, *weil* man Pech im Spiel hatte, ist schlicht falsch. Das ist schade, weil man sich ja sonst beim Halma unheimlich dumm anstellen und verlieren könnte, damit man endlich eine Freundin abkriegt. Klappt leider nicht. Kann ich aus eigener Erfahrung bestätigen. Die Urkunde als schlechtester Halmaspieler meiner Heimatstadt habe ich heute noch. (Ha, ha, kleiner Scherz am Rande.)

Wenn überhaupt, dann ist es eher so, dass Leute, die sowieso viel Glück haben, auch in Liebesdingen gut dastehen. Denn reiche Manager und tolle Fußballer sind auf jeden Fall umschwärmt von Frauen, die gern etwas mit ihnen hätten.

Die Redewendung ist also wirklich nur ein tröstender Mitleidsspruch, der einem sagen soll: Dumm gelaufen, aber du kommst schon wieder auf die Beine. Ist vielleicht falsch, aber nett gemeint.

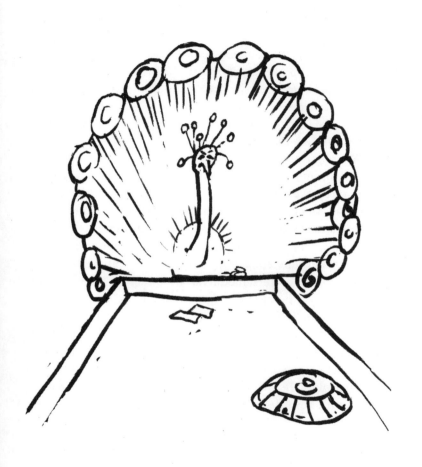

56 Geld liegt nicht auf der Straße und wächst auch nicht auf Bäumen.

Stimmt.

Also, natürlich liegt *manchmal* Geld auf der Straße. Ich habe auf dem Schulweg zum Beispiel mal zehn Mark gefunden (ja, so alt bin ich schon – als ich klein war, gab es noch gar keine Euros). Wochenlang bin ich voller Vorfreude aufgestanden und zur Schule geschlichen – die Augen immer schön auf den Boden gerichtet. Aber: Pech gehabt, war ein Einzelfall.

Normalerweise liegt Geld eben nicht auf der Straße (wo man es nur aufsammeln müsste) und wächst auch nicht auf Bäumen (von denen man es einfach pflücken könnte). Sondern – Überraschung! – man muss dafür arbeiten.

Deshalb kriegt man diesen Spruch meistens zu hören, wenn man Geld «verschwenden» will, das eine andere Person – meistens ein Elternteil – verdient hat. Wobei es natürlich sehr unterschiedliche Meinungen über Verschwendung geben kann.

Trotzdem: Ein klein wenig ist doch was dran, dass Geld auf Bäumen wächst – wenn man nämlich nicht mit Münzen oder Karte zahlt, sondern eine Banknote auf den Tisch legt. Denn Geldscheine sind bloß bedrucktes Papier, das aus reiner Baumwolle hergestellt wird, genauso wie ein T-Shirt. Und Baumwolle wächst auf – nein, nicht auf Bäumen, obwohl es der Name vermuten lassen könnte, sondern auf Stauden, den Baumwollpflanzen.

57 Wenn ich für jedes Heulen von dir einen Euro bekommen hätte, wäre ich schon Millionär.

Stimmt nicht.

Angeblich weint jeder Mensch im Durchschnitt zwar 80 Liter – etwa eine Badewanne voll. Und Babys und Kleinkinder heulen häufiger als Jugendliche oder Erwachsene. Trotzdem kann man leicht nachrechnen: Zum Millionär bringt es so keiner.

Nehmen wir mal an, ein Baby weint im ersten Lebensjahr zwanzigmal am Tag. Im zweiten Jahr zehnmal täglich und danach bis zum zehnten Geburtstag immer noch fünfmal am Tag. So jemand wäre schon verdammt unglücklich, fürchte ich. Aber selbst dann ergibt sich Folgendes (um es beim Rechnen leichter zu haben, nehmen wir an, dass in Schaltjahren am 29. Februar vor lauter Freude über den Extratag nicht geweint wird):

```
 1. Jahr:  365 Tage x 20-mal weinen = 7300 Euro
 2. Jahr:  365 Tage x 10-mal weinen = 3650 Euro
 3. Jahr:  365 Tage x  5-mal weinen = 1825 Euro
 4. Jahr:  365 Tage x  5-mal weinen = 1825 Euro
 5. Jahr:  365 Tage x  5-mal weinen = 1825 Euro
 6. Jahr:  365 Tage x  5-mal weinen = 1825 Euro
 7. Jahr:  365 Tage x  5-mal weinen = 1825 Euro
 8. Jahr:  365 Tage x  5-mal weinen = 1825 Euro
 9. Jahr:  365 Tage x  5-mal weinen = 1825 Euro
10. Jahr:  365 Tage x  5-mal weinen = 1825 Euro
                                     ─────────
                                     25550 Euro
```

Eine Million hingegen sähe so aus: 1000000 Euro

Die 25550 Euro, die ein Elternteil in dem Beispiel bekäme, sind gerade mal 2,5 Prozent davon. Also zweieinhalb Hundertstel.

Das ist so, als würde man sich darüber beklagen, dass es ein Jahr lang jeden Tag geregnet hat. In Wirklichkeit waren es aber nur 9 Tage! (Denn ein Jahr hat 365 Tage, das sind 100 Prozent. 2,5 Prozent davon sind 9,125 Tage.)

Dabei gilt das Weinen unter Experten sogar als gut für die Seele: Wer den Tränen freien Lauf lässt, baut innere Spannung ab, statt zum Beispiel Kopf- oder Rückenschmerzen zu bekommen. Ebenso ist es nicht sinnvoll, Kummer zu unterdrücken und einfach so zu tun, als wäre nichts. Im Gegenteil: Wer richtig trauert, ist irgendwann auch damit durch.

Aber selbst wenn man überdurchschnittlich viel weint und die Eltern wirklich einen Euro für jedes Mal bekämen – Millionäre werden sie so im Leben nicht. Und das ist leider wirklich zum Heulen!

58 Solange du deine Füße unter meinen/unseren Tisch stellst ...

Stimmt nicht ganz.

Wird oft rausgehauen, wenn Erziehungsberechtigte nicht mehr weiterwissen. Kann ja mal passieren. Sie sind ja schließlich erziehungsberechtigt, nicht -befähigt.

Soll heißen: Solange du hier wohnst, hast du alles zu tun und zu lassen, was wir sagen.

Das stimmt aber so nicht.

Erziehungsberechtigte haben genauso viel oder wenig zu melden, ob man noch zu Hause wohnt (und dort die Füße unter den Tisch stellt) oder schon in einer eigenen Bude.

Auch ob man schon eigenes Geld verdient oder nicht, hat wenig zu sagen.

Der Sinn des Erziehens besteht darin, dass der Nachwuchs irgendwann gut alleine klarkommt. (Spätestens wenn man mit 40 noch mit einem Sack Dreckwäsche zu Muttern tigert, werden auch die Eltern das nachvollziehen.) Deswegen sollen Erziehungsberechtigte immer mehr Entscheidungen abgeben.

Trotzdem ist natürlich auch etwas dran an dem Spruch, etwa nach dem Motto: «Wer zahlt, hat recht.» Das stimmt so auch nicht, aber wer zahlt, darf eben zumindest versuchen zu bestimmen, wofür er zahlt.

Oft wird der Satz aber als eine Art Erpressung benutzt: «... lässt du dir die Haare nicht so lang wachsen», «... ziehst du dich ordentlich an, wenn du aus dem Haus gehst», «... gehst du jeden Morgen zur Schule», «... verabredest du dich erst nach den Hausaufgaben», «... wird gegessen, was auf den Tisch kommt», «... gibst du dein

Taschengeld für was Vernünftiges aus». Das Problem: Die Behauptung an sich, der Ältere hätte mehr zu sagen, weil ihm der Tisch gehört, ist völlig inhaltsleer.

Die beste Reaktion ist daher: milde lächeln und freundlich fragen «Warum denn?». Dann zuhören. Und wenn man nicht überzeugt ist, miteinander reden, statt sich stundenlang darüber anzuschreien, wer die Füße wie lange noch unter wessen Tisch zu stellen hat.

Nicht gut kommt, was ein Klassenkamerad von mir sich leistete. Er zog sich wortlos Schuhe und Strümpfe aus und legte seine Stinkefüße grinsend auf den Tisch. Ich fand's lustig. Sein Vater weniger. Ich wurde aufgefordert, bitte sofort nach Hause zu gehen. Schade eigentlich, ich hätte gern den Schluss miterlebt.

59 Geld allein macht nicht glücklich.

Stimmt.

Geld kann sogar unglücklich machen. Ab etwa fünf Milliarden Euro Vermögen, ermittelten Psychologen, verzweifeln die Superreichen daran, keinen Sinn mehr im Leben zu sehen.

Kein Geld zu haben macht aber auch nicht glücklich. Das ist leicht nachzuvollziehen.

In Untersuchungen mit eineiigen Zwillingen hat man nachgewiesen, dass unser Glücksgefühl zu etwa 50 Prozent durch das Erbgut festgelegt ist. Selbst wenn Zwillinge bei der Geburt getrennt werden und unter völlig unterschiedlichen Bedingungen aufwachsen und leben, ist ihr Lebensgefühl doch ausgesprochen ähnlich.

Lächerliche zehn Prozent Glück gehen zurück auf äußere Umstände – Geld, Arbeit, Erfolg, Partnerschaft, Gesundheit. Selbst bei einem hohen Lottogewinn stellt sich nach zwei Jahren der vorherige Zufriedenheitsgrad wieder ein.

Die restlichen 40 Prozent Happyness lassen sich durch unser Alltagsverhalten beeinflussen. Aber was genau lässt uns nun Glück empfinden? Die US-Wissenschaftlerin Sonja Lyubomirsky hat darüber ein Buch geschrieben: «Glücklich sein». Sie erforschte, welches die besten Möglichkeiten sind, um das eigene Glücksgefühl zu steigern:

- Dankbarkeit zeigen, zum Beispiel per Anruf, Brief oder Mail
- Grübeln vermeiden oder zumindest bewusst begrenzen; sich notfalls ablenken
- Freundschaften pflegen
- vergeben lernen; wenn man sich zum Beispiel über ei-

nen ungerechten Lehrer ärgert, kann man versuchen, tief durchzuatmen und sich zu überlegen, dass der bestimmt auch nur einen schlechten Tag hatte
- so tun, als wäre man glücklich; lächeln und freundlich sein, auch wenn einem gar nicht danach ist
- Tagebuch schreiben

Dabei rät die Fachfrau: «Was einem am leichtesten fällt, ist zugleich für einen selbst am effektivsten. Wenn man Freude an den jeweiligen Vorgehensweisen hat, bleibt man engagierter und hält mit höherer Wahrscheinlichkeit länger durch.» Das lohnt sich, denn «glückliche Menschen heiraten häufiger, sind produktiver im Job, sind kreativer, verdienen mehr Geld, sind großzügiger, sind gesünder (das heißt, ihr Immunsystem arbeitet besser) und leben länger», so Lyubomirsky.

Da kann ich als eingewanderter Rand-Ruhrgebietler nur zustimmend sagen: Glück auf!

60 Fressen und scheißen ist alles, was ihr könnt.

Stimmt nicht.

Ich kenne ehrlich gesagt nur eine Familie, in der dieser Spruch benutzt wurde – es war nicht in meiner –, und trotzdem kommt er mir so vertraut vor, dass er einfach in diesem Buch landen musste.

Mein Nachbar erzählte mir die Geschichte, wie er und sein Bruder eines Abends spät nach Hause kamen. Die beiden hatten Hunger und schauten nach, was der Kühlschrank so zu bieten hatte. Da waren eine Menge leckerer Sachen drin, die alle während eines kleinen Mitternachtsmahls schnell aufgegessen waren.

Als die Mutter der beiden am nächsten Tag ein Festmahl für die Gäste zubereiten wollte – sie hatte extra dafür den Kühlschrank reich bestückt –, stellte sie zu ihrem Entsetzen fest, dass nichts mehr da war. Es war alles aufgegessen. Sie wusste sofort, wem sie das zu verdanken hatte: ihren beiden Söhnen. Das ärgerte sie so sehr, dass sie sich zu dem Spruch hinreißen ließ: «Fressen und scheißen ist alles, was ihr könnt.» Ja, ich glaube, sie war sehr sauer.

Natürlich ist das eine sehr beschränkte Sicht der Dinge. Bis ein Kind den Kühlschrank leeren kann, muss es sich viele Fähigkeiten angeeignet haben. Ich fange einfach mal von vorne an: sehen, riechen, fühlen, hören, schmecken – und alles richtig zuordnen. Sprechen und verstehen, was das Wort «Kühlschrank» bedeutet. Sich daran erinnern, dass der Kühlschrank in der Küche steht und nicht in der Garage. Erkennen, ob man vor einem Poster von einem Kühlschrank steht – ein beliebtes Abwehrmittel in man-

chen Familien – oder vor dem echten. Man muss über eine gewisse Kontrolle seines Körpers verfügen, damit man zum Kühlschrank gehen und mit den Fingern das Vorhängeschloss öffnen kann. Man muss wissen, dass man der Tür aus dem Weg gehen muss, damit sie sich öffnen kann. Und man muss gelernt haben, was im Kühlschrank essbar ist und dass man von der kleinen Lampe lieber die Finger lässt.

Diese kleine Auflistung eines Bruchteils der Fähigkeiten, die zum Leeren des Kühlschranks nötig sind, zeigt bereits, dass jeder Mutter und jedem Vater vor Stolz die Brust schwellen sollte, wenn ihre Kinder alles weggefuttert haben. Das ist nämlich eine ganz erstaunliche Leistung. Mit Fressen und Scheißen allein wäre man so weit nie gekommen.

Spare in der Zeit, dann hast du in der Not.

Stimmt.

Wer am Weltspartag in der letzten Oktoberwoche das Sparschwein zur Bank bringt und sich ein Sparbuch ausstellen lässt, macht sogar doppelt und dreifach Kasse:

Man hat Geld, wenn man es braucht (weil man es ja gespart hat, statt alles für Kaugummis rauszuhauen).

Man bekommt von der Bank Zinsen. Zwar nicht viel, aber immerhin: Nach einem Jahr hat man schon ein wenig mehr als zuvor.

Man bekommt auf die Zinsen auch wieder Zinsen. Das nennt man «Zinseszins». Mathelehrer finden das toll, weil es so schwer auszurechnen ist. Die Formel dafür lautet nämlich $K_n = K_0(1+\frac{p}{100})^n$, wobei gilt: K_n = Endkapital; K_0 = Anfangskapital; p = Zinssatz; n = Anzahl der geltenden Zeiträume/Jahre. Geht spielend leicht, oder?

Normale Menschen finden Zinseszins toll, weil sie immer darauf hoffen, dass es ihnen geht wie einem meiner Bekannten. Der hat beim Aufräumen nach über zehn Jahren ein altes Sparbuch gefunden. Dadrauf waren nicht nur ein paar tausend Euro, die er sowieso vergessen hatte. Sondern er bekam auch noch über hundert Euro Zins und Zinseszins obendrauf. Und mit dem Geld hat er dann gemacht, was man machen sollte: Er hat sich und seiner damaligen Freundin Flugtickets nach Las Vegas gekauft und sie dort geheiratet. (Ich hoffe, er spart mittlerweile nicht auf einen Flug in die US-Stadt Reno, wo man sich ebenso schnell und unkompliziert scheiden lassen kann, wie man in Las Vegas heiratet.)

Ausgedacht hat sich den Weltspartag im Jahr 1924 ein

italienischer Professor auf dem 1. Internationalen Sparkongress. Er wollte damit auf die Bedeutung des Sparens für die Einzelnen hinweisen – aber auch für die «Volkswirtschaft». Denn für ein Land, zum Beispiel die Bundesrepublik Deutschland, gilt dasselbe wie für Einzelpersonen: Man muss rechtzeitig Geld zurücklegen, um auf unvorhergesehene Ereignisse vorbereitet zu sein.

Weil das aber natürlich viel weniger Spaß macht, als das Geld mit vollen Händen zum Fenster rauszuschmeißen, macht es fast keiner. Bei politischen Parteien kommt noch hinzu, dass sie im Wahlkampf alles Mögliche versprechen, um Wähler zu gewinnen. Hinterher ist davon vieles schnell wieder vergessen. Aber manches muss dann doch sein – und so geben die meisten Regierungen mehr Geld aus, als sie an Steuern einnehmen. Was fehlt, leihen sie sich bei Banken, Bürgern (indem sie sogenannte «Staatsanleihen» anbieten) und anderen Ländern, die gerade genug Geld haben.

In den letzten Jahren hat jedoch die Zahl der Familien (und Firmen und Staaten) erkennbar zugenommen, die weder Zinsen noch Raten zurückzahlen können. Immer mehr Leute fürchten auch, dass ihr Geld noch nicht mal mehr auf der Bank sicher ist, denn Banken sind ja auch nur ganz normale Firmen und können Pleite machen.

Sie sparen deshalb nicht mehr, sondern geben das Geld aus, solange sie es haben. Aber dieser Trend wendet sich gerade: Immer mehr Menschen halten Sparsamkeit nicht mehr für langweilig und uncool, sondern für wichtig und notwendig.

Knapp überholt hat das Sparen damit den Wissensdurst auf der Hitliste erstrebenswerter Eigenschaften. Was ich persönlich – bei aller Sparsamkeit – ja nun gar nicht verstehen kann.

Geben ist seliger denn Nehmen. 62

Stimmt.

Steht nämlich in der Bibel, und die ist ja nun mal die Anleitung zum Seligsein.

Apostel Paulus berichtet in der Apostelgeschichte (20, 35) von einer Begegnung mit Jesus: «Ich habe es euch alles gezeigt, dass man also arbeiten müsse und die Schwachen aufnehmen und gedenken an das Wort des HERRN Jesus, dass er gesagt hat: ‹Geben ist seliger denn Nehmen!›»

Aber auch Wissenschaftler haben herausgefunden: Es stimmt! Wer Hilfe spendet – ob finanziell oder zum Beispiel durch einen ehrenamtlichen Einsatz –, lebt länger und bleibt gesünder. Nun könnte man ja einwenden: Vielleicht sind speziell die Leute, denen es gesundheitlich besonders gut geht, in der Lage, sich für andere zu engagieren. Deshalb hat man bei den entsprechenden Langzeit-Untersuchungen auch Daten über die anfängliche Gesundheit der Teilnehmer erhoben, ebenso wie über die finanzielle und familiäre Situation. So kann man die entsprechenden Faktoren «herausrechnen». Ergebnis: Helfen hilft. Und zwar nicht nur anderen, sondern auch einem selbst. Ganz oben auf der Liste der verschiedenen Möglichkeiten steht übrigens das schlichte Zuhören.

Diese Erfahrung machte auch ein Bekannter von mir, der ehrenamtlich (also: unbezahlt) jede Woche einen halben Tag im Krankenhaus Patienten besucht. Er kann ihnen nicht wirklich helfen, er ist ja kein Arzt. Aber er hat Zeit und hört zu. Das nützt den Kranken. Und er selbst sagt, dass ihm sein Leben hinterher viel schöner und stabiler erscheint als zuvor.

Nachweisbar ist auch, dass Menschen, die soziale

Kontakte pflegen – über die unmittelbare Familie und die engsten Freunde hinaus –, sich wohler fühlen. Und sich in einer eigenen Krise auch auf das entstandene Netzwerk verlassen können.

Fachleute gehen davon aus, dass die Übernahme eines Ehrenamtes (beispielsweise im Sportverein, in der Politik, bei der Freiwilligen Feuerwehr, in einer Kirchengemeinde, beim Roten Kreuz oder dem Technischen Hilfswerk) das Leben um bis zu 21 Prozent verlängern kann. Das sind bei der aktuellen durchschnittlichen Lebenserwartung von etwa 78 Jahren immerhin 15 Jahre mehr oder weniger!

Außerdem freuen sich die anderen. «Gib bald, so wird der Dank alt», lautet ein Sprichwort. Und Wilhelm Busch bemerkte ganz zu Recht: «Ein Onkel, der Gutes mitbringt, ist besser als eine Tante, die bloß Klavier spielt.»

Wer seine Eltern schlägt, dem wächst später die Hand aus dem Grab. 63

Stimmt nicht. (So leid es mir tut.)

Das ist einer meiner Lieblingssprüche. Leider haben meine Eltern ihn nie benutzt.

Zwar wird oft behauptet, nach dem Tod wüchsen die Haare und Fingernägel weiter, aber erstens sind Fingernägel nicht die ganze Hand, und zweitens stimmt es sowieso nicht. Es hat nur manchmal den Anschein, weil der Körper nach dem Tod Feuchtigkeit verliert und ein wenig in sich zusammensackt. Die Haut an den Fingern zum Beispiel zieht sich ein wenig zurück. Deshalb wirkt es so, als seien Nägel und Haare länger geworden.

Ist dieses Ammenmärchen vielleicht auch schon der Ursprung für den Elternspruch dieses Kapitels? Dass die Menschen denken, wenn schon Fingernägel weiterwachsen, warum nicht gleich die ganze Hand? Könnte sein.

Viel wahrscheinlicher ist aber, dass dieser Elternspruch auf einem alten Aberglauben beruht. Die Hand ist für uns Menschen sehr bedeutungsvoll. Spätestens, seit unseren urzeitlichen Vorfahren ein opponierbarer Daumen an der Hand wuchs – der Daumen also den anderen Fingern gegenübergestellt war und somit der sogenannte Pinzettengriff mit Daumen und Zeigefinger möglich wurde –, gehört die Hand zum wichtigsten Werkzeug, das wir haben. Aber auch symbolisch gesehen hat die Hand eine große Bedeutung: Sie versinnbildlicht Macht. Wenn man sprichwörtlich etwas «in der Hand hat», dann hat man die Macht, etwas zu tun oder es zu lassen. Nicht umsonst werden Götter, Riesen und Helden in vielen alten Sagen und Mythen als «vielhändig» beschrieben. Weil die Hand so wichtig ist, gibt es viele Aberglauben zur Hand. Zum Beispiel eben auch, dass die Hand aus dem Grab wächst, wenn man was Schlimmes gemacht hat und dann gestorben ist.

Und selbst wenn die meisten Eltern nicht abergläubisch sind, so haben sie vielleicht doch Grimms Märchen sehr genau gelesen. Dort gibt es eine Geschichte, die so kurz und schön ist, dass ich sie guten Gewissens eben schnell erzählen kann. (Außerdem passt sie ganz gut zum gerade erwähnten Aberglauben.) Das Märchen heißt «Das eigensinnige Kind» und geht so:

«Es war einmal ein Kind eigensinnig und tat nicht, was seine Mutter haben wollte. Darum hatte der liebe Gott kein Wohlgefallen an ihm und ließ es krank werden, und kein Arzt konnte ihm helfen, und in kurzem lag es auf dem Totenbettchen. Als es nun ins Grab versenkt und die Erde über es hingedeckt war, so kam auf einmal sein Ärmchen wieder hervor und reichte in die Höhe, und wenn sie es hineinlegten und frische Erde darüber taten, so half das nicht, und das Ärmchen kam immer wieder heraus. Da musste die Mutter selbst zum Grabe gehen und mit der Rute aufs Ärmchen schlagen, und wie sie das getan hatte, zog es sich hinein, und das Kind hatte nun erst Ruhe unter der Erde.»

Jaha, das ist der Stoff, aus dem Horrorfilme sind – und Elternregeln, die nicht stimmen.

Viel hilft viel.

Stimmt. Und stimmt nicht.

Stimmt nicht: bei Medikamenten, Reinigungsmitteln, Vitaminen, Sport.

Krankenkassen beklagen, dass jungen Menschen häufig unnötige Medikamente verschrieben würden, vor allem Antibiotika (zum Beispiel gegen Infektionen der Atemwege) und Tabletten gegen Aufmerksamkeitsschwäche.

Für Hausputzmittel werden jährlich eine Milliarde Euro ausgegeben; es wird aber fast immer zu viel verwendet. Das duftet dann mehr, bringt aber nichts – im Gegenteil: Wenn etwa Spülwasser zu sehr schäumt, sammeln sich die Reinigungsmittel an der Oberfläche, und die Fettlösekraft sinkt. Meist reichen schon zwei bis drei Tropfen Spülmittel für mehrere Liter Wasser. Hinzu kommt: Chemische Reinigungsmittel sind nie umweltfreundlich, mechanische Alternativen wie Drahtschwamm, Bürste und Saugglocke schon.

Riesenmengen Vitamine können zu Nierenschäden, Hautausschlag, Haarverlust, Erbgutschäden führen. Bei manchen (zum Beispiel Vitamin C) pinkelt man raus, was der Körper nicht braucht. Andere Stoffe sammeln sich bei Überdosierung aber im Körper an. Also: Wer eine Handvoll Vitamin-Brausetabletten in der Wasserflasche auflöst, tut sich nichts Gutes – im Gegenteil.

Beim Sporttraining gilt die Regel ebenfalls nicht. Wer seine Leistung steigern will, muss den Körper zwar bis an die Grenzen belasten – dann aber auch Erholungsphasen einlegen, statt am nächsten Tag gleich weiterzutrainieren.

Viel hilft viel – stimmt bei Sonnencreme, Speicherplatz, Lernen, Hilfsbereitschaft, Liebe.

Sonnenbrand tut verdammt weh und schädigt die Haut auf Dauer. Deshalb immer Sonnencreme verwenden! Je höher der Lichtschutzfaktor, desto besser. Und nicht zu sparsam sein, sondern die Haut gründlich eincremen und spätestens nach dem Baden nachcremen, auch wenn das Produkt als «wasserfest» beworben wird.

Speicherplatz im Rechner kann man auch nie genug haben. Mit mehr RAM läuft der Computer schneller, auf größere Festplatten passt mehr drauf. Das Gleiche gilt für Handys, MP3-Player und so weiter. Die jeweils aller-allergrößte Größe reizt allerdings meist die Speichermöglichkeiten derart aus, dass der Zugriff deutlich langsamer wird. Also: Maß halten.

Lernen kann man nie genug, und wer mehr weiß, kommt besser klar. Eindeutig: Viel hilft viel. Aber wer dieses Buch hat, weiß das sowieso schon längst.

Auch Hilfsbereitschaft und Liebe kann man eigentlich nie genug bekommen und geben. (Beim Lieben – sexuell gesehen – gibt's übrigens sogar noch den Sonderfall, dass nicht nur viel Gefühl viel hilft, sondern tatsächlich auch viel Sex die Spermaqualität steigert – und die Samen können dann leichter ein Ei befruchten. Wenn zwei also ein Kind bekommen wollen, kann man getrost sagen: Viel hilft viel.)

Bei Geld würde man eigentlich auch annehmen, dass mehr besser ist. Und zu wenig Geld ist ja auch wirklich ein echtes Problem. Trotzdem lässt sich nachweisen, dass Superreiche nicht glücklicher sind als Normalverdiener. Also: Viel hilft nicht viel, aber ein wenig hilft sehr.

Insgesamt kann man sagen: Die Regel «Viel hilft viel» stimmt nur in bestimmten Fällen. Und vor allem bei Dingen, die mit diesem Spruch schöngeredet werden sollen, ist sie meistens falsch.

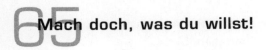 Mach doch, was du willst!

Stimmt nicht.

Den Spruch gibt es in zahllosen Variationen, zu den beliebtesten gehören: «Du brauchst deine Hausaufgaben nicht zu machen, wenn du das nicht für nötig hältst – es ist ja dein Leben.» Und: «Geh ruhig ohne Jacke raus – du kriegst die Erkältung, nicht ich.» (Wobei wissenschaftlich nachgewiesen ist, dass man nicht automatisch eine Erkältung bekommt, nur wenn man sich nicht warm anzieht, aber das ist eine andere Geschichte.)

Was also soll uns dieser «Mir doch egal!»-Stoßseufzer sagen?

Gar nichts, leider.

Denn natürlich gelten all die Regeln, die sonst gelten, auch an diesem Tage weiter. Der andere ist nur von irgendwas so genervt, dass er aufgibt und sagen will: Ich hab die Nase voll von deinem Gemaule, und letztlich ist es dein Problem.

Da ist was dran. Andererseits: Elternsprüche sollen ja immer den jungen Menschen dazu bewegen, irgendetwas zu tun, wovon der etwas hat. Zumindest langfristig. Keine Narben, gute Noten, Fitness ... was auch immer.

Einfach machen, was man will – damit ist Pippi Langstrumpf gut gefahren, und es ist ein großer Spaß, ihr zuzuschauen. Aber «Plutimikation» kann sie am Ende nicht und schreiben auch nicht. Ein solches Leben führt in Wirklichkeit nicht in die Villa Kunterbunt, sondern zum Sozialamt oder in die Obdachlosigkeit.

Nicht ohne Grund lebt Pippi ja auch ganz allein. Ein längeres Zusammensein mit anderen ist ohne Regeln unerträglich.

Andererseits: Wenn sich deutlicher, massiver Widerstand gegen die Erziehung regt, ist das auch eine gute Gelegenheit, vielleicht einmal gemeinsam zu überprüfen, wohin die Reise eigentlich gehen soll. Denn ständige Verbote und Ermahnungen erzeugen Trotz – und der wiederum sorgt für Frust und Ärger auf der anderen Seite. Aus Elternsicht nämlich sind die «Es ist dein Leben»-Sprüche so was Ähnliches wie die beliebten Wortwechsel auf dem Schulhof: «Idiot!» – «Ich weiß, dass du das bist, aber was bin ich?» – «Blödmann!» – «Ich weiß, dass du das bist, aber was bin ich?» Und so weiter. Klassenkameraden von mir haben das mal eine ganze große Pause lang durchgezogen, aber lustiger wurde es dadurch nicht. Statt also beidseitig zu mauern, sollte man besser versuchen, miteinander zu reden. Worum geht's? Was wollen wir? Wer ist warum gegen welche Regelung? Können wir eine andere finden, die für alle Beteiligten okay ist?

Dann kommt es im Idealfall doch noch so, wie der anfängliche Frustspruch es verheißt: «Mach doch, was du willst!» Das lohnt sich, denn: «Es ist dein Leben.»

Man muss auch verlieren können.

Stimmt.

Aber gut finden muss man es nicht.

Den Satz bekommt man oft im Duett zu hören mit: «Dabeisein ist alles.»

Aber wenn dabei sein alles wäre, warum würde dann überhaupt jemand gewinnen wollen? Dann wäre es doch völlig sinnlos und sogar falsch, bei etwas dabei zu sein, wo man gewinnen kann.

Nein, gewinnen wollen ist schon richtig. Im Sport, im Job, im Leben.

Was aber auch stimmt: Man gewinnt eben nicht immer. Ein Top-Tennisspieler ist nicht unbedingt ein toller Geschäftsmann und hat dann und wann auch mal Stress mit Frauen. Ein erfolgreicher Bankmanager muss nicht auch noch Dichter und Marathonläufer sein. Manchmal kann sogar unklar sein, was man als Sieg oder Niederlage wertet: Eine Balletttänzerin muss sich vielleicht entscheiden, ob sie erste Solistin in der Kleinstadt bleibt oder Ersatzbesetzung in der internationalen Metropole wird. Eine Hausfrau und Mutter kann jeden Abend ein warmes Essen auf dem Tisch stehen haben – dann aber hat sie vielleicht nicht noch die Kraft, Karriere zu machen. Man kann versuchen, das beste Buch aller Zeiten zu schreiben. Oder das erfolgreichste. Die Chance, in beiden Bereichen zu siegen, ist klein.

Es stimmt also, man muss lernen, Niederlagen einzustecken und mit ihnen umzugehen. Wenn man bei jedem verlorenen Halma-Match rumschreit und das Brett durchs Zimmer pfeffert, spielt bald keiner mehr mit einem.

Fachleute halten das Spielen – und Verlieren – sogar

für einen wichtigen Bereich der Persönlichkeitsentwicklung. Renate Valtin, Professorin für Grundschulpädagogik in Berlin, erläutert in ihrer Studie «Was Kinder über Streit und Konfliktlösungen denken», dass man den Frust nicht etwa vermeiden soll, sondern nur lernen muss, damit umzugehen. «Sich streiten, sich selbst behaupten, nein sagen können, sind wichtig für die Autonomieentwicklung des Kindes. Aber streiten können will gelernt sein», so Valtin.

Dabei hat man festgestellt, dass Menschen am meisten Spaß haben – und am motiviertesten sind –, wenn die Herausforderung ein bisschen über ihren Fähigkeiten liegt. Jeder von uns sucht also die Möglichkeit, sich zu beweisen. Der Preis dafür ist, auch verlieren zu können. Das Risiko aber gehen wir ein, weil die Freude über einen Sieg viel größer ist, wenn der nicht selbstverständlich war. Gegen einen Erstklässler im Mau-Mau zu gewinnen ist eben nicht so schwierig wie gegen die Eltern. Und macht uns deshalb auch nicht so zufrieden.

Die Kunst ist, gewinnen zu wollen, aber verlieren zu können. Das nennt man «Sportsgeist». Mein ganz persönlicher Geheimtipp: Notfalls kann man auch mal nur so tun, als wäre es schon okay, dass man verliert. Und sich dann hinterher ärgern, wenn keiner mehr zuguckt. Oft ist die Enttäuschung dann schon halb vergessen.

67 Gerechtigkeit ist, wenn der eine teilt und der andere wählt.

Stimmt.

Wobei man sagen muss, dass der Begriff «Gerechtigkeit» natürlich für viel mehr steht als nur fürs Teilen. Da man aber damit ganze Philosophiebücher füllen kann, beschränke ich mich mal auf «der eine teilt, der andere wählt».

Diese Art zu teilen ist so alt wie die Bibel. Im ersten Buch Mose, Kapitel 13, wird beschrieben, wie Abraham und Lot beschließen, getrennte Wege zu gehen, weil sie mehr Platz brauchen. Damals sagte Abraham zu Lot: «Pass auf, ich hab das ganze Land jetzt mal in Osten und Westen geteilt. Du kannst dir aussuchen, wo du hinwillst. Wenn du in den Westen willst, dann gehe ich in den Osten. Und umgekehrt.» Also: Abraham teilte, Lot hatte die erste Wahl, und Abraham nahm das, was übrig geblieben war.

Bei uns in der Familie war das auch immer so. Wenn es nach dem Tantenbesuch samstags noch ein letztes Stück Kuchen gab, dann musste es zwischen meiner Schwester und mir geteilt werden. Standardsituation in unserer Familie.

Da waren Zank und Streit programmiert, denn einer von uns fühlte sich immer benachteiligt, weil einer immer das kleinere Stück bekam – entweder ich oder meine Schwester. Glücklicherweise hatte unser Trainer – äh, Vater (das liegt am Gerede von der Standardsituation) – irgendwann eine grandiose Idee: ein neidfreies proportionales Zuweisungsprotokoll. Da waren wir erst mal still. Wir hatten nämlich kein Wort verstanden. Dabei war das nur Mathematikersprache für «der eine teilt, der andere wählt».

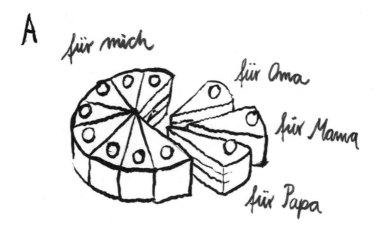

Denn ein neidfreies proportionales Zuweisungsprotokoll ist nichts anderes als ein paar Regeln, die genau festlegen, wie Dinge zwischen mehreren Leuten aufgeteilt werden – und zwar so, dass keiner denkt, der andere hätte ein größeres Stück bekommen als man selbst. Damit alle zufrieden sind.

Wenn meine Schwester und ich Kuchen unter uns aufteilen müssen, dann gibt es nur eine sehr begrenzte Anzahl Möglichkeiten. Zum Beispiel: Meine Schwester schneidet den Kuchen in zwei Stücke, gibt mir eins und nimmt sich eins. Finde ich sehr ungerecht.

Möglichkeit Nummer zwei: Ich schneide den Kuchen in zwei Stücke, gebe meiner Schwester eins und nehme mir das andere. Das findet meine Schwester sehr ungerecht. Denn selbst wenn ich den Kuchen in zwei genau gleich große Stücke geschnitten hätte, würde sie immer noch denken, ich hätte ihr das kleinere gegeben.

Die dritte Möglichkeit ist, dass man nicht nur den Kuchen, sondern auch die Aufgaben teilt. Einer schneidet den Kuchen in zwei Stücke, und der andere verteilt sie. Auf diese Weise fühlt sich keiner benachteiligt.

Wenn ich den Kuchen auseinanderschneide, achte ich natürlich penibel darauf, dass beide Kuchenstücke gleich groß sind. Wenn meine Schwester die Stücke dann verteilt, habe ich auf jeden Fall das Gefühl, gerecht behandelt worden zu sein. Und sollte meine Schwester den Eindruck haben, ein Stück sei tatsächlich größer als das andere, dann kann sie sich genau dieses Stück nehmen – und fühlt sich dadurch auch gerecht behandelt. Alle zufrieden – wenn das nicht ein großartiges neidfreies Zuweisungsprotokoll ist!

Gerechtigkeit unter zwei Menschen kann so einfach sein. (Bei drei oder mehr Menschen läuft das Ganze etwas komplizierter ab. Da ist es von Vorteil, wenn man ein abgeschlossenes Mathematikstudium vorweisen kann.)

68. Ab zwölf ist man strafrechtlich verantwortlich für alles, was man tut.

Stimmt nicht.

Erst ab 15 ist man voll verantwortlich, bekommt aber noch mildere Strafen. Ab 18 geht's dann richtig zur Sache.

Schon im römischen Recht waren Kinder erst ab sieben «strafmündig» – das heißt, sie konnten bestraft werden für ihre Missetaten. Die «infantes» (bis sieben) wurden in der Regel nicht bestraft, sondern bekamen höchstens eine Tracht Prügel. Die «impuberes» (die Unreifen zwischen sieben und 13) wurden ihrer jeweiligen Entwicklung angemessen bestraft, und die «minores» (junge Leute von 14 bis 25) unterlagen dem Strafrecht für Erwachsene.

Heute ist es immer noch ähnlich. Menschen vor Vollendung des 14. Lebensjahres (also vor dem 15. Geburtstag, denn erst dann ist das 14. Lebensjahr vollendet) sind «strafunmündig». Danach gilt bis zum 18. Geburtstag das Jugendgerichtsgesetz, in dem die Strafen etwas milder ausfallen als für Erwachsene. Und ab 18 ist man voll und ganz für alles verantwortlich, was man tut.

Das heißt nun aber nicht, dass man vor 15 beziehungsweise 18 tun und lassen kann, was man will. Nur die sogenannte «Sanktionspalette» ist anders. Wer mit 13 beim «Abziehen» auf dem Schulhof erwischt wird – also nicht im Sinne von Mathematik, sondern eher im Sinne von Raub –, der kriegt Ärger vom Vormundschaftsgericht. Wenn ein volljähriger Täter zum Beispiel gleich eine Geldstrafe zahlen müsste, kommt hier erst mal jemand vom Jugendamt und redet mit den Eltern. Und wer mit 16 ein Auto zerkratzt, muss zum Beispiel nicht die vollen Kosten für den Schaden bezahlen, sondern nur die Hälfte. Das Dumme daran: Auch das ist verdammt viel Geld. Im Wiederholungsfall wird man zu gemeinnütziger Arbeit verurteilt, zum Beispiel im Altersheim.

Ziel dieser Strafen ist vor allem, dem Täter klarzumachen, dass er Mist gebaut hat und dass er es ab jetzt lassen soll. Bei Erwachsenen geht man davon aus, dass die das schon wissen.

Schon der gute alte Goethe allerdings schrieb: «Niemand weiß, was er tut, wenn er recht handelt; aber des Unrechten sind wir uns immer bewusst.» Da hat er recht, finde ich – wenn man Mist macht, weiß man das doch eigentlich immer selbst am besten. Deswegen sollte man es lassen, auch wenn man hofft, damit durchzukommen, weil man unter 15 ist.

Wieso es oft heißt, ab zwölf wäre man für alles verantwortlich, ist übrigens unklar. In manchen anderen Ländern ist das so. Und ab zwölf darf man ja auch im Auto ohne Kindersitz mitfahren (als Kindersitze noch nicht Pflicht waren, galt die Regel, dass man erst ab zwölf vorne sitzen durfte). Vielleicht liegt es daran, dass man einfach das Gefühl hat: Ab zwölf wissen junge Menschen schon ganz genau, ob sie richtig oder falsch handeln. Insofern muss man sagen, ist das Gesetz hier sogar mal weniger streng als der gesunde Menschenverstand.

Was dich nicht umbringt, macht dich stärker.

Stimmt oft.

Der Satz basiert auf einem Text des Philosophen und Moralkritikers Friedrich Nietzsche. Er lebte von 1844 bis 1900. In seinem Buch «Ecce Homo» (das ist natürlich wieder mal lateinisch und heißt: Seht, welch ein Mensch!) schreibt er im Abschnitt «Warum ich so weise bin», ein wohlgeratener Mensch wie er selbst sei «aus einem Holze geschnitzt, das hart, zart und wohlriechend zugleich ist. Ihm schmeckt nur, was ihm zuträglich ist; sein Gefallen, seine Lust hört auf, wo das Maß des Zuträglichen überschritten wird. Er errät Heilmittel gegen Schädigungen, er nützt schlimme Zufälle zu seinem Vorteil aus; was ihn nicht umbringt, macht ihn stärker.»

Nietzsche litt die letzten elf Jahre seines Lebens an einer schweren Geisteskrankheit, er wurde von seiner Mutter und seiner Schwester gepflegt. Umstritten ist daher, wie ernst man sein Spätwerk nehmen darf – oder ob es nur das großspurige Gekritzel eines Irren ist.

Unter Hitler waren Nietzsche und seine Bücher sehr beliebt, weil er zum Beispiel die Idee eines «Übermenschen» entworfen hatte. Allerdings pickten sich die Nationalsozialisten aus Nietzsches Werk nur heraus, was ihnen in den Kram passte. Dennoch wird er auch heute noch mit einem gewissen Ekel betrachtet und gilt manchen als Nazi-Philosoph, was er gar nicht war.

Weit verbreitet ist sein «Mach-mich-stärker»-Spruch natürlich bei Soldaten in aller Welt, die harte Ausbildungen durchstehen müssen. Je härter ihr Training, desto besser sind sie nachher im Einsatz.

Auch in der Evolution kann man dieses Prinzip beobachten. Alle Lebewesen sind Gefahren ausgesetzt. Kann nun zum Beispiel ein Tier besonders schnell weglaufen oder davonfliegen, sich also aus einer riskanten Situation retten, dann überlebt es und bekommt Nachwuchs. Die anderen Tiere, die gefressen wurden, bekommen keinen Nachwuchs mehr. Somit steigt die Chance, dass in der nächsten Generation mehr Tiere das besondere Talent geerbt haben.

Das Gleiche gilt für Pflanzen. Können sie durch irgendeinen Trick besonders gut überleben, streuen sie mehr Samen in den Wind oder lassen mehr Beeren reifen, und ein paar Jahre oder auch Jahrmillionen später hat sich eine nützliche Eigenschaft durchgesetzt.

Auch bei Menschenseelen scheint es so zu sein, dass wir uns kompetenter und reifer fühlen, wenn wir Krisen überstanden haben. Das soll nun nicht etwa heißen, dass es gut ist, wenn Dinge schiefgehen. Aber meistens lernen wir etwas fürs nächste Mal daraus – falls wir nicht dabei draufgehen. Sprich: Was uns nicht umbringt, macht uns stärker (im Sinne von: geschickter, erfahrener, entspannter, klüger ...).

Wenn man zum Beispiel frisch verliebt ist und die Freundin oder der Freund allein auf eine Party geht, ist man vielleicht höllisch eifersüchtig. Aber mit der Zeit macht man die Erfahrung, dass alles gutgeht und man einander vertrauen kann. Man hat also etwas durchgemacht und ist daran nicht gestorben, sondern charakterlich gereift, also stärker geworden.

Das Gleiche gilt bei vielen sogenannten «Kinderkrankheiten» wie Masern, Röteln, Windpocken. An denen kann man mit etwas Pech auch sterben (und um das zu vermeiden, wird man heute meist dagegen geimpft). Aber wer sie einmal hatte und nicht gestorben ist, kriegt sie normalerweise nicht noch einmal, weil der Körper Abwehrzellen gebildet hat. Man sagt, man sei «immun» geworden.

Anders ist es im Sport. Dort hieß das Prinzip: «No pain, no gain!» Übersetzt bedeutet das: Wenn's nicht wehtut, bringt's auch nichts. Mittlerweile aber ist man davon abgekommen, bis zur totalen Erschöpfung zu trainieren. Linda Langley aus der Presseabteilung einer großen Fitnesscenterkette erklärt: «Für den gezielten Muskelaufbau trifft die Aussage noch am ehesten zu. Aber sie ist sehr überspitzt formuliert und kommt aus dem leistungsorientierten Bodybuilding. Es kommt auf das richtige Verhältnis zwischen Belastung und Erholung an. Für gesundheitsorientiertes beziehungsweise sanftes Krafttraining trifft sie nicht zu. Im Fitnessbereich würde eher der Ausspruch ‹weniger ist mehr› passen. Im Fitnesstraining muss nicht bis zum Äußersten gegangen werden, um Erfolge zu erzielen. Der Körper baut gerade in den Phasen zwischen den Trainingseinheiten seine Muskeln auf. Doch muss die Intensität des Trainings an die körperlichen Voraussetzungen immer wieder angepasst werden. Je fitter der Körper wird, desto anspruchsvoller kann das Training sein.»

Dorothee Morath von einer norddeutschen Pflanzenzucht erklärt ebenfalls: «Man kann den Satz ‹Was dich nicht umbringt, macht dich stärker› definitiv nicht für die Pflanzenzüchtung anwenden! Es werden keine Schädlinge vorsätzlich geschädigt, um sie dadurch zu stärken. Dadurch schwächt man sie, was man in der Pflanzenzüchtung nicht erreichen möchte.»

So viel dazu. Das ganze Geschreibe über Fitness zwingt mich dazu, mal ganz schnell zwanzig Schokoküsse essen zu gehen. Was mich nicht umbringt …

78 Versprechen darf man nicht brechen.

Stimmt.

Aber manchmal bleibt einem nichts anderes übrig, als es trotzdem zu tun.

Ein Versprechen ist so eine Art Vertrag, eine verbindliche Zusage. Einer sagt, was er tun wird, und der andere verlässt sich darauf. Könnte man das nicht, wäre das Versprechen sinnlos und nichts wert.

Deswegen sind Politiker auch so unbeliebt. Weil sie möglichst vielen Leuten möglichst viel versprechen, damit die sie wählen. Aber hinterher ist natürlich nicht genügend Geld da. Also werden Wahlkampfversprechen fast immer gebrochen.

Der SPD-Politiker Franz Müntefering hat es sogar mal als «unfair» bezeichnet, wenn die Bürger wollen, dass die Parteien sich nach der Wahl noch an ihre flotten Sprüche erinnern. (Er hatte versprochen, die Mehrwertsteuer nicht zu erhöhen, tat das dann aber doch, und zwar nicht zu knapp.)

Auch die Prinzessin im Märchen «Der Froschkönig» hatte nie vor, den Frosch wirklich mit in ihr Bett zu nehmen. Sie hat das nur versprochen, damit er ihr die goldene Kugel aus dem Brunnen holte. Gemeinerweise schmiss sie ihn dann auch noch an die Wand, als er darauf bestand, dass sie ihr Wort hielt. Daraufhin verwandelte er sich in einen Prinzen – und ich finde es ganz schön komisch, dass er nach alldem trotzdem bereit war, die verlogene Prinzessin zu heiraten.

Normalerweise glaubt derjenige, der etwas verspricht, allerdings, es auch einhalten zu können. Bloß klappt das nicht immer.

Wenn zwei Menschen heiraten, sagt man beispielsweise, sie geben sich das «Eheversprechen». Sie sind also überzeugt, bis zum Tod beieinanderbleiben zu wollen. Die meisten, die das tun, wollen es sicher auch und glauben sogar, es schaffen zu können. Trotzdem weiß mittlerweile jeder, dass es nicht immer klappt.

Dann, finde ich, gilt die schöne Regel: «Besser ein Ende mit Schrecken als ein Schrecken ohne Ende.»

Richtig doof dagegen sind Leute, die einem immer das Blaue vom Himmel versprechen, und dann kommt jedes Mal irgendwas dazwischen. Ob sie nun Zeit mit einem verbringen wollen oder nur ein Eis spendieren – solche Versprechen muss man auch halten. Ich kann ja auch nicht auf dieses Buch draufschreiben, dass es um 100 Elternsprüche geht, und dann nur 79 auflisten. Dann wäre jeder, der das Buch kauft, sauer. Und zwar zu Recht.

Und deshalb muss ich jetzt hier aufhören und schnell den nächsten Eintrag schreiben. Sonst kriegen wir die 100 ja nie voll.

71 Du darfst keine Geheimnisse vor mir haben. Und: Du musst immer die Wahrheit sagen.

Stimmt. Nein, gelogen: *Stimmt nicht.*

Womit schon klar wäre, was das Problem ist. Niemand will hören, dass er unrecht hat, dass seine Meinung nicht stimmt. Also biegt man sich manchmal die Wahrheit zurecht, bis sie passt ... Aber falsch ist es eben trotzdem, was man sagt.

Früher betrachtete man Lügen immer als teuflische Sünde, die Gottes Wille widersprach und das menschliche Miteinander störte. Heute sieht man das anders. Es gibt sogar Bereiche, wo Lügen alltäglich und beinahe notwendig sind: Bewerbungsgespräche und Verwandtenbesuche. Und auch im Alltag tut eine kleine «weiße» (also: unschuldige, harmlose) Lüge manchmal gut. Oder geht es der großen Schwester wirklich besser, wenn man ihr sagt, dass sie überhaupt nicht singen kann? Oder dem kleinen Bruder mit der Info, dass er tanzt wie ein betrunkenes Zebra? Nicht unbedingt. Man soll diese Leute nicht aus falscher Scheu zu «Wetten, dass ...?!» oder «DSDS» schicken, und es heißt ja auch so schön: «Kindermund tut Wahrheit kund.» Aber einen Song morgens beim Duschen oder ein Solo auf der nächsten Klassenparty kann man ihnen doch gönnen!

Erziehungsexperten betonen ausdrücklich, wie wichtig Geheimnisse für die Entwicklung und den Charakter sind. Ursula Nuber, stellvertretende Chefredakteurin der Zeitschrift «Psychologie heute», sagt: «Geheimnisse sind für Kinder das Allergrößte und etwas ganz Wichtiges. Kinder, die keine Geheimnisse haben dürfen, können sich nicht zu unabhängigen, autonomen Wesen entwickeln. Sie bleiben sozusagen ständig im Schatten der Erwachsenen. Geheimtinte, geheime Verstecke oder auch einfach das Geheimnis, was das Kind der Mutter zum Geburtstag schenkt – das sind ungeheuer wichtige Dinge. Und Eltern sollten das auch wissen und den Kindern ihre Geheimnisse lassen.»

Aber warum sind uns Geheimnisse so viel wert? Nuber: «Wenn man von dem Geheimnis eines anderen weiß, ist das ein Stück Macht. Ich kann zeigen, dass ich den anderen ein bisschen in der Hand habe. Und wenn man es weitererzählen will, zeigt man, dass man die Macht ausspielen will. Das ist etwas sehr Heikles. Und wenn man von einem Geheimnis eines anderen weiß, darf man es nicht sagen. Es gehört dem anderen immer noch. Das ist eine wichtige Regel, die wir aber oft nicht einhalten.»

Deshalb wollen speziell Jugendliche sich den Eltern nicht mehr anvertrauen – weil sie fürchten, dass ihr Geheimnis nicht gewahrt bleibt. Weil sie fürchten, dass es Ärger gibt. Dass sie sich ewig lange Vorträge anhören müssen. Ich erinnere mich, wie ich einmal … aber das tut jetzt nichts zur Sache.

Alle Beteiligten (also zum Beispiel Lehrer, Eltern, Jugendcampleiter, aber auch Kinder und Jugendliche) müssen sich dabei bewusstmachen, dass es «gute» und «schlechte» Geheimnisse gibt. Das klingt kompliziert, ist aber eigentlich ganz einfach. Wenn es zum Beispiel um eine Geburtstagsüberraschung geht, ist das ein gutes Geheimnis. Auch wenn man beispielsweise heimlich Mamas Schokolade aufgegessen hat, aber das schlechte Gewissen einen dann dazu trieb, vom Taschengeld eine neue zu kaufen, muss man das nicht unbedingt auch noch von allein sagen. Andererseits zeigt dieses Beispiel zugleich die Grenze auf: Wird man gefragt, ob man an der Schokolade war, sollte man die Wahrheit sagen, statt zu lügen. Denn es gibt ja noch eine andere Redewendung, an der viel dran ist: «Wer einmal lügt, dem glaubt man nicht.»

Wer es mit der Wahrheit nicht so genau nimmt, zerstört damit das Vertrauen der anderen. Und wenn es dann mal wirklich wichtig ist, denken sowieso alle, man lügt bloß wieder.

Außerdem kann man mit solchen Mini-Problemen austesten, mit wem man gut reden kann, wenn es wirklich hart auf hart kommt: Schulstress, Mobbing, Liebeskummer, die beste Freundin will Drogen ausprobieren, der Fußballkumpel raucht und trinkt Bier … Das alles sind Sachen, die man nicht allein durchstehen sollte. Da ist es gut, wenn beide Seiten gelernt haben, gut und achtsam miteinander umzugehen.

Ungelogen.

Wer im Glashaus sitzt, sollte nicht mit Steinen werfen.

Stimmt.

Kann man leicht testen: einfach in Muttis Gewächshaus oder die nächste Gärtnerei gehen, Stein von innen dagegen werfen, Ärger kriegen.

Das funktioniert deswegen so gut, weil Glas thermodynamisch gesehen sozusagen eine gefrorene Flüssigkeit ist. Wenn man einen Eisblock fallen lässt, zerplatzt der auch und verbeult nicht nur, wie zum Beispiel Metall. Deswegen sagt man auch: «Glück und Glas, wie leicht bricht das.» (Für kugelsicheres Panzerglas – mehrere mit stabiler Folie verklebte Glasschichten – gilt das natürlich nicht. Leider hat mir noch keiner sagen können, wo man kugelsicheres Panzerglück herkriegt.)

Im übertragenen Sinne bedeutet das Sprichwort allerdings etwas ganz anderes. Nämlich: Wenn man selbst eine Anforderung nicht erfüllt, soll man andere nicht deswegen kritisieren. Wer zum Beispiel selbst unheimlich schlecht in Sport ist, sollte nicht laut buh! rufen, wenn die Schulfußballmannschaft verliert. Wer noch nicht mal einen halbwegs runden Kreis aufs Papier werfen kann, sollte nicht arrogant über «moderne Kunst» herziehen: «Das kann ja meine kleine Schwester besser!» Wer gerade einen dicken Furz hat fahrenlassen, sollte nicht angewidert die Nase rümpfen und den Fahrstuhlnachbarn empört anstarren.

Obwohl: Doch, Letzteres klappt ziemlich gut und kann sehr witzig sein.

Wer den Schaden hat, braucht für den Spott nicht zu sorgen.

Stimmt.

Und wird weltweit den Deutschen zugeschrieben: Das Wort «Schadenfreude» hat es als sogenanntes Lehnwort ins Englische, Französische, Italienische, Spanische, Portugiesische und Polnische geschafft. Die Lust am Unglück ist weit verbreitet. Viele beliebte TV-Sendungen sind prallvoll mit nichts anderem als den Pleiten, dem Pech und den Pannen anderer.

Moralisch ist das unschön, weshalb wir immer auch ein klein wenig ein schlechtes Gewissen empfinden. Evolutionsbiologisch aber hat die kleine Schwester Niedertracht durchaus ihren Sinn, denn sie fördert das Gemeinschaftsgefühl. «Guck mal, wie falsch der das macht!» heißt ja gleichzeitig: Wir machen es hingegen richtig. Außerdem betrachten Psychoanalytiker die Schadenfreude neben der Vorfreude als das einzige Gefühl, das unmittelbare Entspannung mit sich bringt. Und die tut gut.

Spott zeigt aber auch, wie sehr die meisten von uns darunter leiden, das Gefühl zu haben, keine Schwächen zeigen zu dürfen. Je gestresster wir durch diese Unsicherheit sind, desto lieber lachen wir über andere.

Für den Spott muss man also wahrlich nicht noch selbst sorgen, wenn man schon den Schaden hat, das machen schon andere. Man kann dann nur versuchen, die Spötter zu verklagen und zum Beispiel von einem fiesen Moderator ein paar tausend Euro Schmerzensgeld zu kriegen. Dafür sorgt dann der Anwalt.

74 Gebranntes Kind scheut das Feuer.

Stimmt.

Kann jeder bestätigen, der schon mal auf eine heiße Herdplatte oder unter ein heißes Bügeleisen gefasst hat.

Weil wir am besten lernen, wenn Erkenntnis und Emotion zusammenfallen, sind dies die einprägsamsten Lebenslektionen: Wenn man sich verdammt wehtut, aber eine Erfahrung «am eigenen Leib» macht und knapp überlebt.

Deshalb fahren auch Leute, die schon ein bis zwei Flugzeugabstürze überlebt haben, lieber mit der Bahn. Und ein Freund von mir, der sich mal den Arm gebrochen hat, weil er ohne Licht einen Fahrradunfall baute, hat jetzt gleich zwei Batterieleuchten vorn am Lenker hängen.

Für die allermeisten Menschen gilt: «Aus Schaden wird man klug.» Wie klug, ist erblich bedingt. Wissenschaftler haben festgestellt, dass manche Leute einfach lernfähiger sind als andere. Das liegt daran, wie viele «D2-Rezeptoren» jemand im Gehirn hat. Und das ist angeboren.

Wenige D2-Rezeptoren sind für eine gewisse Lernschwäche verantwortlich, die vor allem bei Menschen zu finden ist, die von Alkohol oder Drogen abhängig sind. Ihnen fällt es schwerer als anderen, aus ihren Fehlern zu lernen. Doch auch das Lernen kann man lernen – wer ein Thema von möglichst vielen unterschiedlichen Seiten angeht, hat die größten Chancen, dass was hängenbleibt.

Allen ungebrannten Kindern hingegen kann ich nur empfehlen, jetzt nicht etwa den Herd anzuschalten und einen Selbstversuch zu starten. Leute, ihr seid keine Vase (die gebrannt werden muss)! Wobei man sagen muss: Wer glaubt, eine Vase zu sein und gebrannt werden zu müssen, der hat vielleicht noch ganz andere Probleme!

Ein Sonnenbrand ist die beste Grundlage für eine gesunde Bräune.

75

Stimmt nicht.

Wenn überhaupt, dann ist ein Sonnenbrand die beste Grundlage für gar nicht gesunden Hautkrebs.

Die wenigsten wissen es, aber unsere Haut ist das größte Organ unseres Körpers – bis zu 1,8 Quadratmeter Oberfläche und ein Gewicht zwischen elf und 15 Kilogramm sprechen für sich. Die Haut hält nicht nur unseren Körper zusammen, sie sorgt auch dafür, dass er immer die richtige Temperatur hat und nicht austrocknet. Außerdem ist die Haut unser Tastorgan und Schutzschild. Jeder Virus, der in uns reinwill, jedes Insekt, das in uns seine Eier ablegen will, jede chemische Substanz, die uns vergiften will, muss erst mal an unserer Haut vorbeikommen. Das ist für Erreger, Insekten und Gifte gar nicht so leicht – solange unsere Haut gesund und intakt ist.

Unsere Haut besteht aus drei Schichten: Epidermis, Dermis und Subcutis. Auf Deutsch: Oberhaut, Lederhaut und Unterhaut. In der Unterhaut sind die Fettschicht, die Blutgefäße und die Nerven zu Hause. In der Lederhaut findet man auch Blut- und Lymphgefäße, dazu noch Nervenendigungen, alle möglichen Arten von Drüsen – zum Beispiel Schweiß- und Talgdrüsen – und Haarwurzeln. Die Oberhaut ist die dünnste Hautschicht. Sie besteht teilweise aus toten Hautzellen – das ist die äußere Hornhauthülle des Körpers – und erneuert sich ungefähr alle vier Wochen vollständig. In der Oberhaut gibt es auch die Zellen, die für die Färbung und die Bräunung der Haut verantwortlich sind.

Wenn Sonnenstrahlen auf die Haut treffen, dann ist das erst mal etwas sehr Gutes. Denn die Wärme und das

Licht fühlen sich nicht nur wohltuend an. Teile der ultravioletten Strahlung im Sonnenlicht, kurz auch UV-Strahlung genannt, sind wichtig für den Körper, weil er mit ihrer Hilfe Vitamin D bilden kann. Vitamin D sorgt zusammen mit Phosphor und Kalzium dafür, dass die Knochen gesund bleiben. Damit genügend Vitamin D gebildet werden kann, reicht es völlig, wenn man jeden Tag eine Viertelstunde nach draußen geht – es kann auch ruhig bewölkt sein – und Gesicht und Hände Licht abbekommen.

Außerdem regt die UV-Strahlung bestimmte Hautzellen, die Melanozyten, dazu an, einen Farbstoff zu produzieren, das Melanin. Dieser Vorgang macht die Haut braun. Bis die Melanozyten aber so richtig loslegen können, müssen sie fünf bis sieben Tage hintereinander kleine Mengen UV-Strahlung abbekommen. Dann aber schützt das Melanin die Haut ziemlich wirkungsvoll, indem es aus gefährlichen UV-Strahlen ungefährliche Wärme macht.

Denn UV-Strahlung hat unter anderem den Effekt, dass sie Zellen abtötet. Das macht man sich bei der Aufbereitung von Trinkwasser zunutze. Statt ordentlich Chlor ins Wasser zu kippen, um Bakterien unschädlich zu machen, bestrahlt man es mit UV-Licht und braucht sich um Durchfallerkrankungen keine Gedanken mehr zu machen. Dringen zu viele UV-Strahlen auf einmal in die Haut ein, machen sie dort genau dasselbe: Sie töten Zellen ab – keine Bakterien, sondern unsere eigenen Hautzellen. Ein Sonnenbrand entsteht dadurch, dass der Körper ein Standardprogramm abspielt: Das Immunsystem fängt an, aufzuräumen. Damit weiße Blutkörperchen vermehrt vorbeikommen können, um die abgestorbenen Zellen zu beseitigen, weiten sich die Blutgefäße, und es fließt mehr Blut in diese Stellen. Deshalb wird die Haut bei Sonnenbrand rot. Geschädigte Zellen sorgen gleichzeitig auch dafür, dass bestimmte chemische Substanzen freigesetzt werden, die die Nervenendigungen in der Haut veranlassen, Schmerzsignale ans Hirn zu senden. Daher ist die Haut bei Sonnenbrand so empfindlich.

Während dieser ganzen Zeit produzieren die Melanozyten natürlich fleißig weiter Melanin. Sobald die Haut nicht mehr so stark durchblutet ist, weil das Immunsystem seine Arbeit vollendet hat und alle abgestorbenen Zellen weggeschafft worden sind, kommt das Melanin voll zur Geltung und sorgt mit einem Mal für die angestrebte Bräune. Und so man hat den Eindruck, dass die Haut erst einen schlimmen Sonnenbrand braucht, um so richtig braun zu werden. Diese üble Fehleinschätzung der zeitlichen Abfolge führte wohl zum Elternspruch dieses Kapitels.

Aber Sonnenbrand bleibt nicht ohne Folgen. Nicht nur altert die Haut schneller durch zu viel UV-Strahlung, jeder Sonnenbrand in der Jugend oder Kindheit erhöht das Risiko, in späteren Jahren an Hautkrebs zu erkranken.

Und da ich das keinem meiner Leser gönne, gibt es hier noch ein paar blasse Tipps, wie man dem Sonnenbrand aus dem Weg geht. (Eigentlich wollte ich «klasse Tipps» schreiben – «blass» passt aber auch ganz gut.)

Es ist als Erstes immer ganz gut zu wissen, wie stark die UV-Strahlung ist. Das hängt von vielen unterschiedlichen Faktoren ab – von der Jahreszeit, der Tageszeit, der geographischen Lage und der Umgebung. Damit man nicht erst den halben Tag berechnen muss, wie hoch die UV-Belastung ist, gibt es einen UV-Index von eins bis elf. Den erfährt man zum Beispiel vom Wetterdienst. Ab einem UV-Index von drei sollte man sich schützen, ab einem Wert von acht sollte man einen längeren Aufenthalt in der prallen Mittagssonne vermeiden. Dieser UV-Index ist übrigens weltweit einheitlich. Das heißt, UV-Index sieben hat in Deutschland dieselbe Bedeutung wie in Australien.

Im Sommerurlaub sollte man sich immer mit Sonnenschutz eincremen. Und das nicht erst am Strand, sondern am besten noch im Hotelzimmer, eine halbe Stunde bevor man rausgeht. Dann hat die Creme nämlich genügend Zeit, ihre Wirkung zu entfalten. Und den Tag über immer wieder nachschmieren. Hilfreich ist es auch, sich Kleidung anzuziehen, die schützt – also einen Hut mit breiter Krempe oder langärmelige, dichtgewebte T-Shirts (gibt es auch mit eingebautem UV-Schutz). Auch eine Sonnenbrille mit UV-Gläsern sollte man tragen, sonst bekommt man im schlimmsten Fall einen Sonnenbrand auf der Hornhaut – und damit ist nicht zu spaßen. Am besten hält man sich im Schatten auf und meidet die Sonne zur Mittagszeit.

Wenn man all das befolgt, dann erhält man sich seinen vornehm blassen Teint – selbst wenn man vier Wochen lang Sommerurlaub auf Mallorca macht. Ich schaff das immer wieder.

Bei Gewitter nicht baden oder duschen, sonst kommt der Blitz durch den Abfluss.

Stimmt nicht.

Blitze sind eine ganz schön spannende Sache. (Wortspiel beabsichtigt.) Der Strom zu Hause aus der Steckdose hat 220 Volt. Ein Blitz hat gut zehn Millionen Volt – also so viel «Spannung» wie mindestens 46000 Steckdosen.

In Deutschland blitzt es pro Jahr etwa zwei Millionen Mal. Aber die Blitze sind ganz schön faule Gesellen und suchen sich meist den kürzesten Weg von der Gewitterwolke zur Erde. Deshalb schlagen sie normalerweise in Bäume, Kirchtürme oder Antennen ein. Im Freien sollte man bei Gewitter trotzdem nicht baden. Denn wenn der Blitz in der Nähe einschlägt, verteilt sich der Strom durch den Boden bis ins Wasser. Oder, wenn nichts Hohes in der Nähe ist, kann ein Blitz auch direkt in See, Fluss oder Swimmingpool einschlagen. Danach sieht man aus wie ein Brathähnchen. Extrakross.

Trotzdem ist es aber wahrscheinlicher, im Lotto zu gewinnen, als vom Blitz getroffen zu werden. Nur etwa fünf Menschen kommen jährlich durch Blitze um, aber 100 gewinnen im Lotto über eine Million. Das liegt wahrscheinlich auch daran, dass die Leute lieber Lotto spielen, als bei Gewitter draußen rumzulaufen.

Womit wir wieder beim Thema wären. Denn baden und duschen tut man ja drinnen. Und dort kann einem nichts passieren. Es sei denn, die ganze Bude brennt ab. Aber dann hat man immer noch Zeit, rauszulaufen und im Regen nackt auf die Feuerwehr zu warten.

Manche Computer und Fernseher sind sehr empfind-

lich und könnten bei einem Einschlag in der Nähe einen tödlichen Schlag durchs Stromnetz erhalten. Das liegt daran, dass der Blitz für eine «Spannungsspitze» sorgt. Die ist zwar nicht besonders hoch, kommt aber für die Mikroelektronik unerwartet. Und dann erschrickt sie derart, dass sie abraucht. Das ist doof und teuer, für Menschen aber ungefährlich.

Auch durch die Telefonleitung kann der Blitz einem nichts tun. Schlimmstenfalls geht das Gerät durch eine Spannungsspitze drauf – aber nicht die Gesprächspartner. Anders ist es scheinbar mit Mobiltelefonen: Eine Handvoll Menschen wurde bereits beim Handygespräch vom Blitz getroffen. Vermutlich lag das aber nicht am Telefon, sondern daran, dass sie bei Gewitter draußen rummarschiert sind, statt in Deckung zu gehen.

Durch die Wasserleitung kann der Blitz jedenfalls nicht bis ins Bad fahren, denn die Rohre verlaufen durch das Erdreich. Und der faule Blitz versackt daher einfach, statt sich nochmal aufzuraffen, die Leitung hoch in irgendeine Wellnessoase im dritten Stock zu kriechen und wie ein Badewannenmonster aus dem Abfluss zu fauchen. Das ist einfach zu anstrengend für ihn.

Andererseits: Wie entspannend ist ein wohliges Vollbad, während vor Blitz und Donner die Wände wackeln? Also, ich stelle mich da lieber ans Fenster und beobachte das Naturschauspiel. Und erst danach entspanne ich mich beim Rauschen des Regens in einer warmen Wanne.

77 Kleine Kinder können in der Toilette ertrinken.

Stimmt nicht.
Jedenfalls hierzulande.

In Deutschland sind zwei Arten von Kloschüsseln üblich: «Flachspüler», bei denen man sich hinsetzt und sein Häufchen in eine flache Wasserpfütze macht. Und «Tiefspüler», bei denen der Kot direkt ins Wasser fällt. Besonders reizvoll ist das bei kräftigem Durchfall, wenn einem durch den Austrittsdruck direkt wieder der eigene Dreck an den Hintern spritzt.

Angeblich können kleine Kinder ertrinken, wenn sie mit dem Kopf voran ins Klo fallen. Grundsätzlich ist es richtig, dass Kinder sogar in flachen Pfützen ertrinken können, weil sie vor lauter Schreck über den Sturz nicht mehr aufstehen und dann Wasser einatmen. In deutschen Toiletten steht aber zu wenig Wasser zum Ertrinken.

Anders ist es in Nordamerika. Aus dortigen Elternratgebern wurde diese Regel nämlich übersetzt.

Ein US-Klo aber ist ganz anders gebaut. Die Schüssel ist fast bis zum oberen Rand mit Wasser gefüllt. Das sind etwa acht Liter – fast schon so viel wie eine Babybadewanne. Darin können nicht nur Babys ertrinken, sondern bei Bedarf sicher auch Erwachsene. Und wer es tatsächlich schafft, mit dem Kopf voran ins Klo zu krachen, wird bestimmt einige Schwierigkeiten haben, da wieder rauszukommen. Wie Michel in der Suppenschüssel.

Wenn man das Gerät übrigens bestimmungsgemäß nutzt, und nicht als Killermaschine, dann kann man nach verrichtetem Geschäft seinen Exkrementen zusehen, die lustig im Kreis strudeln, bis sie endlich im Abfluss verschwinden. Oder auch nicht. Anschließend wird die Schüssel neu mit Wasser befüllt. Wenn man Glück hat, schwimmen darin aber immer noch die Würste von eben. US-amerikanische Klos sind keine Meisterleistung der Ingenieurkunst ...

Also: Regel falsch. Trotzdem sollte man die kleinen Brüder und Schwestern nicht zum Spielen unbeaufsichtigt ins Bad schicken. Gelegenheit, sich dort zu verletzen oder Unheil anzurichten, gibt es nämlich immer noch reichlich.

78 Langes Fädchen, faules Mädchen

Stimmt.

Ist aber heute total egal.

Die Redewendung stammt aus einer Zeit, in der es noch wichtig war, wie prima ein Mädchen nähen konnte. Denn wer die häuslichen Arbeiten geschickt erledigte, fand leichter einen guten Ehemann. Das war den Eltern wichtig, denn sonst hätten sie in alle Ewigkeit die Tochter durchfüttern müssen, weil Mädchen damals keine eigenen Jobs hatten.

Nimmt man beim Nähen einen langen Faden, dann muss man ihn seltener einfädeln und knoten. Das spart also Arbeit. Allerdings muss man bei jedem Stich den ganzen langen Faden durch den Stoff ziehen. Das dauert lange, er verheddert sich leichter, und man verbraucht mehr Faden als nötig, es ist also Verschwendung. Vor allem aber wird der Faden rau und verliert seinen natürlichen Glanz, sodass die Naht unregelmäßig und unschön wirkt.

Kurz: Wer mit einem (zu) langen Faden näht, ist zu faul, die Arbeit richtig gut zu machen.

Grundsätzlich ist es aber natürlich schön, wenn man wenigstens eine Sache toll kann und nicht immer nur alles halbherzig durchnudelt. Denn wenn man etwas richtig klasse hinbekommt, macht es mehr Spaß, und man kann richtig stolz darauf sein. Ob's nun Nähen ist oder – wie in meinem Fall – in der Nase bohren, ist egal. Denn heutzutage heiraten wir ja glücklicherweise nicht mehr, um versorgt zu werden, sondern aus Liebe. Und ich kann aus eigener Erfahrung sagen: Man kann auch jemanden lieben, der nicht gut in der Nase popeln kann. Oder aber nähen.

Kinder haben kein gesetzliches Recht auf Taschengeld.

Stimmt.

Es gibt zwar allerhand Tabellen und Empfehlungen zu dem Thema, aber ein Recht auf Taschengeld gibt es nicht.

Wohl aber haben Kinder ein Recht darauf, zu eigenverantwortlichen Persönlichkeiten erzogen zu werden. Und dazu gehört auch der Umgang mit Geld. Wie aber soll man den lernen, wenn man keins hat? Insofern kann man über diesen Umweg doch noch so etwas wie ein Recht auf Taschengeld ableiten.

Die meisten Eltern sehen das aber ohnehin ein. Aber selbst wenn sie Taschengeld ausspucken, haben sie immer noch ein Wörtchen mitzureden. Jeder darf sein eigenes Geld zwar sparen oder nach Lust und Laune ausgeben, zum Beispiel auch alles auf einmal für Süßigkeiten. Aber es gibt Grenzen. Junge Menschen zum Beispiel dürfen keinen Alkohol kaufen – auch nicht vom eigenen Geld!

Ein weiterer Grenzfall sind zum Beispiel Computerspiele. Bekommt jemand 25 Euro Taschengeld im Monat, so darf er sich davon nach zwei Monaten ein Spiel für 50 Euro kaufen, auch wenn das den Eltern nicht passt. Es muss allerdings für das Alter des Käufers zugelassen sein. Spart man jedoch ein ganzes Jahr und will sich dann zum Beispiel ein Set aus Konsole und Spielen für 400 Euro kaufen, können die Eltern trotz allem Einspruch erheben und das Gerät in den Laden zurückbringen, denn der Preis übersteigt das «Monatseinkommen» um ein Vielfaches.

Auch darf man sich nicht einfach im Tierladen ein Hündchen kaufen und Mutti mit dem neuen Haustier überraschen. Das wissen die Händler aber auch und würden daher sowieso auf der Anwesenheit eines Elternteils beim Erwerb bestehen.

Eltern dürfen auch das Taschengeld entziehen, wenn sie das für notwendig halten. Allerdings kann so was auch nach hinten losgehen. Einem Freund von mir ist Folgendes passiert: Er wollte sich unbedingt ein Rennrad kaufen. Die Eltern liehen ihm das Geld, er sollte es vom Taschengeld zurückzahlen. Aber dann bekam er plötzlich Taschengeldentzug, weil er mit seiner Freundin Schluss gemacht hatte. Die Eltern fanden das Mädchen nämlich total nett und wollten ihn dazu bewegen, noch einmal über die Sache nachzudenken. Etwas unüberlegt hatten sie ihm gedroht, wenn er das nicht täte, bekäme er auch kein Taschengeld mehr. Das machte ihn aber nur noch bockiger. Bloß: Das Geld für das Rad wollten seine Eltern trotzdem haben. Woher nehmen und nicht stehlen? Er fing an zu jobben, weil er ja dringend Geld brauchte.

So weit, so gut. Aber jetzt kommt's: Er wollte eigentlich studieren, was seine Eltern auch sehr gut gefunden hätten. Doch mittlerweile hatte er sich daran gewöhnt, zu jobben und eigenes Geld zu verdienen. Nach einiger Zeit brach er das Studium ab. Heute ärgert er sich darüber. Aber so hat letztlich der Taschengeldentzug bei ihm dazu geführt, dass er seine (akademische) Ausbildung nicht zu Ende brachte – was auch aus der Sicht seiner Eltern sicher nicht der Sinn der Sache war.

Empfohlen werden übrigens:

10 – 11 Jahre	13 – 15 Euro monatlich
12 – 13 Jahre	18 – 20 Euro monatlich
14 – 15 Jahre	23 – 25 Euro monatlich
16 – 17 Jahre	35 – 45 Euro monatlich
ab 18 Jahre	ab 50 Euro monatlich

Natürlich ist das in erster Linie abhängig vom Einkommen und den Ansichten der Eltern. Aber auch davon, was man damit kaufen soll, muss oder darf. Anfangs sollte man davon noch nichts Wichtiges selbst kaufen müssen, denn sonst ist vielleicht im entscheidenden Augenblick das Geld schon alle. Später kann man aushandeln, etwas mehr Taschengeld zu kriegen, um dann zum Beispiel Schulsachen selbst zu besorgen oder Snacks auf Ausflügen allein zu zahlen. Dann bleibt einem zwar nicht mehr Geld, aber wenigstens sehen Hefte und Rucksack so aus, wie man's mag.

Viele Eltern zeigen sich auch deutlich großzügiger, wenn man bereit ist, einen Teil des Taschengeldes zu sparen. Das muss man dann aber auch tun – denn es ist den Eltern erlaubt, Geld «zweckgebunden» zur Verfügung zu stellen, also zum Sparen, für ein Fahrrad oder ein Musikinstrument – oder eben zur freien Verfügung. Hält man sich nicht an die Vereinbarung, können die Eltern das Taschengeld dann eben entsprechend kürzen.

80 Wenn du denkst, es geht nichts mehr, kommt von irgendwo ein Lichtlein her.

Stimmt.

Wenn man dran glaubt.

Der Satz stammt aus dem Gedicht eines unbekannten Autors, das so geht:

«Immer wenn du meinst, es geht nicht mehr,
kommt von irgendwo ein Lichtlein her,
dass du es noch einmal zwingst
und von Sonnenschein und Freude singst,
leichter trägst des Alltags harte Last
und wieder Kraft und Mut und Glauben hast.»

Ob es dabei darum geht, an Gott zu glauben oder an sich selbst, weiß ich nicht.

Der Spruch ist furchtbar kitschig, aber ich habe die Erfahrung gemacht: Wenn man zuversichtlich ist, dass irgendwas gutgehen wird, geht es meistens tatsächlich gut. Wenn man dagegen immerzu das Schlimmste befürchtet, geht meistens alles schief. Psychologen nennen so etwas eine «self fulfilling prophecy», eine sich selbst erfüllende Prophezeiung. Jeder kennt das: Wer davon ausgeht, eine gute Arbeit zu schreiben, kriegt das (oft) auch hin – allerdings haben diese Kollegen meist auch ordentlich geübt! Wer hingegen sowieso glaubt, bloß 'ne Fünf zu kriegen, spart sich den Lernstress – und lässt so die eigene Erwartung wahr werden!

Das Gleiche gilt für die Typen, die wie selbstverständlich zu jeder Fete eingeladen werden und mit denen alle befreundet sein wollen. Die sehen sich selbst als Sympathieträger, aber die meisten von ihnen tun dann ganz automatisch auch viel dafür, dass es so bleibt.

Wer die Welt also optimistisch und positiv sieht, dem gelingt auch mehr. Deshalb sagt man auch: «Was man wirklich will, geht auch in Erfüllung.» Solche Sätze sollen einen dazu anhalten, diese Sichtweise einzunehmen und darauf zu vertrauen, dass es schon irgendwie gutgeht. Was es ja meistens sowieso tut. Denn wer kennt das nicht – man macht sich fast nie Sorgen um die Sachen, die dann schiefgehen, sondern meist nur um Dinge, die man eh nicht ändern kann. Wenn man ein Sommerfest plant, sorgt man sich zum Beispiel, ob es regnen wird oder nicht. Darauf kann man aber gar keinen Einfluss nehmen. Man kann darauf vorbereitet sein und Schirme oder Planen haben. Aber ändern kann man es nicht. Es kommt, wie's kommt. Und letztlich kommt es auch nur selten so schlimm, wie man es sich ausmalt. Klar, eine Sommerparty im Regen ist blöd. Aber das Ende der Welt ist es nicht.

Pechvögel aber gehen stets davon aus, dass alles schiefgeht. Diese Pessimisten freuen sich sozusagen, wenn was danebengeht. Denn das haben sie ja gleich gewusst und schon erwartet, sie haben also recht behalten.

Fachleute haben aber nachgewiesen, dass man lernen kann, von der düsteren auf die sonnige Weltsicht umzuschalten. Das geht zum Beispiel mit Hilfe der «Auto-Suggestion».

Man kann ganz leicht selbst testen, wie das funktioniert. Dazu muss man sich nur mal eine Zitrone vorstellen. Eine leuchtend gelbe Zitrone. Man kann sie riechen. Man stellt sich vor, wie man über ihre Schale streichelt. Dann nimmt man ein Messer und schneidet die Zitrone in zwei Hälften. Der Saft quillt heraus. Man nimmt eine Hälfte hoch und riecht daran. Und schließlich stellt man sich vor, herzhaft in die Zitrone hineinzubeißen!

Und? Wie war's?! Die meisten Menschen werden im Mund vermehrt Speichel produzieren und schließlich das

Gesicht zu einer Grimasse verzogen haben – obwohl sie gar nicht wirklich in eine Zitrone gebissen haben.

Genauso geht es natürlich andersherum, wenn man sich schöne Dinge vorstellt. Zum Beispiel, ein süßes Bonbon zu lutschen. Ah! Schon habe ich ein Lächeln im Gesicht.

Einen Anstoß zum derartigen Umschalten auf eine positive Weltsicht wollen Menschen geben, die einem mit dem schmalzigen «Lichtlein»-Spruch kommen. Meistens wissen sie aber in der jeweiligen Situation auch nicht, wie das klappen soll, und deshalb ziehen sie sich auf allgemeine Hoffnungsphantasien zurück. Sie meinen es aber von Herzen gut, und deshalb sollte man nicht etwa die Augen verdrehen und laut stöhnen, sondern freundlich lächeln und der Sache eine Chance geben. Wenigstens freut sich dann der andere, so einen tollen Rat gegeben zu haben. Besser als nichts.

81

Was du heute kannst besorgen, das verschiebe nicht auf morgen. Und: Morgen, morgen, nur nicht heute, sagen alle faulen Leute.

Stimmt.

Zwar brauchen manche Dinge einfach ihre Zeit. Wenn man zum Beispiel für eine Arbeit lernt, bleibt viel mehr hängen, wenn man jeden Tag ein bisschen Stoff durchkaut, als wenn man sich so früh wie möglich so viel wie möglich in den Schädel stopft. Dann hat man die Hälfte gar nicht richtig begriffen und den Rest schon wieder vergessen, wenn der Prüfungstag gekommen ist. Außerdem gibt es ja die schöne Gegenregel: «Aufgeschoben ist nicht aufgehoben!»

Der Spruch «Morgen, morgen, nur nicht heute, sagen alle faulen Leute» basiert übrigens auf einem Lied von Christian Felix Weiße. Er lebte von 1726 bis 1804 und dichtete das Lied «Der Aufschub»:

Morgen, morgen, nur nicht heute!
Sprechen immer träge Leute,
Morgen! Heute will ich ruhn,
morgen jene Lehre fassen,
morgen jenen Fehler lassen,
morgen dies und jenes tun!
Und warum nicht heute? Morgen
kannst du für was andres sorgen!
Jeder Tag hat seine Pflicht!
Was geschehn ist, ist geschehen,
dies nur kann ich übersehen;
was geschehn kann, weiß ich nicht.
Wer nicht vorgeht, geht zurücke,

unsre schnellen Augenblicke
gehn vor sich, nie hinter sich.
Das ist mein, was ich besitze,
diese Stunde, die ich nütze;
die ich hoff', ist die für mich?
Jeder Tag, ist er vergebens,
ist im Buche meines Lebens
nichts, ein unbeschriebnes Blatt.
Wohl denn! Morgen so wie heute
steh' darin auf jeder Seite
von mir eine gute Tat!

Derartige Aufforderungen richten sich an diejenigen, die an «Aufschieberitis» leiden und am Ende nicht alles schaffen, was sie sich vorgenommen haben oder erledigen müssen. Weil sie nicht rechtzeitig anfangen oder sich zu leicht ablenken lassen. Weil ihnen immer etwas «dazwischenkommt». Aber egal, warum es passiert, es bringt einfach wenig, die Hausaufgaben morgens um sieben im Bus abzuschreiben, statt sie am Nachmittag vorher zu erledigen.

Wissenschaftler bezeichnen das krankhafte Aufschieben als «Prokrastination». Sie vermuten, dass darunter etwa 20 Prozent aller Menschen leiden, also immerhin jeder Fünfte. Richtig harte Fälle schaffen es auch schon mal, durch alle möglichen Prüfungen zu fallen, den Job zu verlieren und die Wohnung zu vermüllen (denn aufgeräumt wird natürlich auch immer erst morgen). Solchen Leuten hilft allerdings auch kein gereimter Ratschlag, sondern höchstens eine Verhaltenstherapie. Sonst kann es durchaus passieren, dass sie an ihrem Tick sterben, weil sie einen dringend nötigen Arztbesuch aufschieben, bis sie nicht mehr zu retten sind.

Unangenehme Tätigkeiten wie Hausaufgaben oder Steuererklärungen zu vermeiden oder wenigstens zu verschieben, ist jedoch ganz normal und natürlich. Schließlich haben wir all diese Sachen vor Urzeiten als Höhlenmenschen auch nicht getan, als sich unsere Bedürfnisse entwickelten. Einziger Grund, derartige Dinge doch zu erledigen: die Furcht vor Konsequenzen. Hat man mehr Angst vor einer schlechten Note oder dem darauffolgenden häuslichen Donnerwetter, als es einen nervt, den Stoff zu lernen, dann macht man sich an die Arbeit.

Tests haben gezeigt, dass es sich lohnt, klein anzufangen und schon die ersten Erfolge zu belohnen. Wer also die Hausaufgaben in zwei von vier Fächern fertig hat, darf sich ruhig eine Pause gönnen und den aktuellen Lieblingssong aufdrehen. Aber eben nur einmal, und dann geht's weiter. Sonst lässt man sich von diesem und jenem ablenken, hört ein ganzes Album und checkt noch schnell die E-Mails, und schon ist der ganze Nachmittag rum.

Verschiebt man zu viel zu oft, haben Forscher festgestellt, kann man davon depressiv werden, also dauerhaft unglücklich mit sich und der Welt. Studenten, die ewig und drei Tage nicht mit ihren Abschlussarbeiten fertig werden, kann das sogar in den Selbstmord treiben! Experten raten daher: lieber einfach losarbeiten, wenn man nicht so recht weiß, wie man etwas anpacken soll, als zu warten, bis man den kompletten Plan hat.

Außerdem gilt ...

NICHT VERGESSEN:
☆ *Text morgen zu Ende schreiben.*

82 Kinder müssen mit dem Fahrrad immer auf dem Bürgersteig fahren.

Stimmt.

Bis zum Alter von acht Jahren.

In der Straßenverkehrsordnung (StVO) ist eindeutig geregelt: «Kinder bis zum vollendeten 8. Lebensjahr müssen, ältere Kinder bis zum vollendeten 10. Lebensjahr dürfen mit Fahrrädern Gehwege benutzen. Auf Fußgänger ist besondere Rücksicht zu nehmen. Beim Überqueren einer Fahrbahn müssen die Kinder absteigen» (§ 2, «Straßenbenutzung durch Fahrzeuge»).

Wer noch nicht seinen achten Geburtstag gefeiert hat, darf noch nicht mal einen offiziellen Radweg nehmen, sondern gilt als Fußgänger. Von acht bis zehn darf man wählen. Danach gilt: Radweg oder Straße und beides auf der rechten Seite, in derselben Fahrtrichtung wie ein Auto. Ganz genau steht im Gesetz: Radfahrer «müssen Radwege benutzen, wenn die jeweilige Fahrtrichtung mit Zeichen 237, 240 oder 241 gekennzeichnet ist. Andere rechte Radwege dürfen sie benutzen. Sie dürfen ferner rechte Seitenstreifen benutzen, wenn keine Radwege vorhanden sind und Fußgänger nicht behindert werden» (immer noch § 2). Zeichen 237 ist das blaue Radweg-Schild, die Zeichen 240 und 241 zeigen Fußgänger und Radfahrer mit einem senkrechten bzw. einem waagerechten Trennstrich. Senkrecht heißt, es gibt voneinander getrennte Fuß- und Radwege, waagerecht bedeutet, dass sich Radfahrer und Spaziergänger einen Weg teilen. Eltern dürfen theoretisch nicht mit ihren Kindern zusammen auf dem Bürgersteig beziehungsweise Fußweg fahren. Ich habe aber noch nie davon gehört, dass es deshalb Ärger gegeben hätte.

Bei der Gelegenheit aber noch was anderes, was mir erst vor kurzem ein Freund erzählt hat, der mit seiner Tochter im Verkehrsunterricht war: Zebrastreifen heißen offiziell «Fußgängerüberweg». Das heißt, wenn man mit dem Rad hier die Straße überqueren will, müssen die Autos nicht anhalten. Oft tun sie es, aber ein Recht darauf haben Radfahrer erst, wenn sie absteigen und schieben. Wer also einfach vom Radweg über den Zebrastreifen auf die andere Seite schießen will, riskiert nicht nur, dass der Autofahrer gar nicht so schnell bremsen kann, selbst wenn er wollte. Sondern hat auch noch selbst Schuld am darauffolgenden Briefmarkenlook.

88 Eine Schwalbe macht noch keinen Sommer.

Stimmt.

Schwalben sind Zugvögel und verbringen das Winterhalbjahr im warmen Afrika. Wenn es ihnen dort zu warm wird, fliegen sie über das Mittelmeer bis nach Deutschland. Dabei sind sie manchmal viele tausend Kilometer unterwegs. Sie orientieren sich an den Sternen und dem magnetischen Nordpol, sie haben also sozusagen einen eingebauten Kompass.

Das Sprichwort «Eine Schwalbe macht noch keinen Sommer» geht auf eine Fabel des Griechen Äsop zurück. Sie heißt «Der verschwenderische Jüngling und die Schwalbe». Darin geht es um einen jungen Mann, der total pleite ist, weil er nicht gut mit Geld umgehen kann. Als er die erste Schwalbe sieht, glaubt er, nun würde es Sommer – und verkauft seinen Mantel. Doch die Schwalbe war zu früh unterwegs. Es ist aber noch kalt, und sie erfriert. Denn wie es auf Altgriechisch so schön heißt: Μία χελιδὼν ἔαρ οὐ ποιεῖ (gesprochen: «Mia chelidōn ear ou poiei») – eine Schwalbe macht noch keinen Sommer. Als der mantellose Jüngling das Tierchen tot auf dem Boden findet, verflucht er sie. Dabei hätte er eigentlich sich mal lieber selbst wegen seiner Leichtsinnigkeit ausschimpfen sollen.

Wie immer in Fabeln geht es darum, aus einem Gleichnis mit Tieren etwas für das eigene Leben zu lernen. In diesem Fall: Man soll nicht ausgehend von einem einzelnen Ereignis oder einer einzelnen Erfahrung verallgemeinern.

Wenn aber endlich richtig viele Schwalben da sind,

dann sind die Vögelchen tatsächlich als Wetterboten zu gebrauchen. Denn sie schnappen sich im Flug ihre Nahrung: Mücken. Die flitzen bei steigendem Luftdruck in die Höhe und bringen sich bei sinkendem Luftdruck dicht über dem Boden oder Gewässern in Sicherheit.

Also: Fliegen die Mücken hoch, dann fliegen auch die Schwalben hoch (und die sind leichter zu sehen als die Mücken). In diesem Fall scheint bald oder weiterhin die Sonne. Schrammen die Schwalben aber fast über den Boden, dann kann man sicher sein: Es regnet demnächst.

Es sei denn, es ist nur eine einzige Schwalbe, die so tief fliegt. Von der sollte man auf gar nichts schließen. Denn das wusste schon Äsop, eine Schwalbe macht noch keinen Sommer – äh, Regentag.

Hunde, die bellen, beißen nicht.

Stimmt nicht.

Gemeint ist damit, dass jemand, der zum Beispiel fiese Drohungen ausstößt, in Wahrheit ganz harmlos ist.

Aber auch das stimmt nicht immer. Fanatiker und Diktatoren haben leider schon oft brutale Parolen gebrüllt – und dann wahr gemacht.

Die Logik hinter dem Spruch ist wohl, dass ein Hund nicht beißen kann, solange er bellt. Er bellt aber nur, um sein Revier zu verteidigen – das Bellen ist die letzte Drohung vor dem Biss. Das können Briefträger und Jogger bestätigen.

Bei Menschen ist die Annahme aber sogar noch unsinniger: Man kann sehr wohl pöbeln und gleichzeitig schon schubsen oder zuschlagen.

Trifft man wirklich mal auf einen drohend bellenden Hund, geben Tierärzte folgende Tipps:
- Hund ignorieren, ihm nicht in die Augen schauen. Denn Hunde empfinden das Fixieren als eine Drohung.
- Sich in gleichbleibendem Tempo nähern oder die Geschwindigkeit sogar ein wenig drosseln.
- Hund nicht anschreien, was auch oft geraten wird, sondern allenfalls leise vor sich hin murmeln.
- Hund wie Luft behandeln, mit den eigenen Händen beschäftigen.

Und auch um Menschen, die sich benehmen wie aggressiv bellende Hunde, sollte man am besten einen weiten, vorsichtigen Bogen schlagen und sie so gut es geht ignorieren.

85 Den Letzten beißen die Hunde.

Stimmt.

So jagen auch die Wölfe, die Vorfahren unserer Haushunde. Erstaunlich geschickt können sie eine Herde auseinandertreiben. Sie greifen dann das langsamste (letzte) Tier an, denn das ist meist auch das schwächste. Deswegen läuft es ja so langsam.

Wölfe fressen allerdings auch neugeborene Tiere und sogar Vogeleier, die natürlich nicht gejagt werden müssen.

Sie jagen meistens im Rudel, sodass sie ihre Opfer aus mehreren Richtungen in die Zange nehmen können. Sie drängen so die verwundbarsten Tiere aus dem Schutz der Herde heraus. Dabei rennen sie nicht alle blindlings los, sondern lösen sich an einer vorberechneten Stelle ab. Gelingt es ihnen, ein großes Tier (zum Beispiel einen Hirsch oder Elch) in einem Fluss zu stellen, warten sie geduldig an beiden Seiten, bis das Tier an Land kommt.

Ähnlich raffiniert jagt nur der Mensch. Daher bewunderten insbesondere die Indianer den Wolf.

Das Sprichwort soll besagen, dass der Dümmste, Langsamste, Hässlichste, Schlechteste, Unbegabteste zuerst dran glauben muss. Beim Sitzenbleiben in der Schule, bei Kündigungen im Job, bei der Damenwahl in der Tanzschule. Allerdings hat man natürlich immer die Chance, ein mangelndes Talent in einem Bereich (zum Beispiel Schönheit) durch andere Eigenschaften (zum Beispiel Reichtum) auszugleichen (siehe auch «Es kommt auf die innere Schönheit an.»).

Das unterscheidet uns von einer Herde Ziegen auf der Flucht. Bei denen geht es ausschließlich ums Tempo.

Ausländische Elternregeln BONUS

Wir sind alle Ausländer – fast überall.

Umso erstaunlicher, dass Elternregeln und Erziehungssprüche zwar einerseits die jeweiligen Lebensumstände spiegeln – sich andererseits aber doch ganz schön ähneln.

Es lohnt sich also nicht, mit dem Vorsatz «Ich such mir neue Eltern» von zu Hause abzuhauen und nach China, in die USA oder nach Makedonien auszuwandern. Überall soll man die Wahrheit sagen, früh aufstehen und viel Gemüse essen.

86 USA: An apple a day keeps the doctor away. (Ein Apfel am Tag, und man muss nie zum Arzt.)

Stimmt nicht.

Ganz grundsätzlich soll die Redewendung besagen: Frisches Obst und Gemüse sind gesund, und wer sich auf diese Weise fit hält, der braucht keinen Arzt. Selbst das ist natürlich nicht ganz richtig, denn spätestens, wenn man wegen der vielen schweren Muskeln Kniebeschwerden bekommt, muss man doch mal zum Doktor. Aber es ist schon was dran: «Du bist, was du isst», sagt man ja auch, und wer sich gut ernährt, wird zwar nicht gleich zu einem Stück Obst, bleibt aber gesünder.

Speziell Äpfel sollen ganz besonders wertvolle Ernährungsbausteine sein: Sie enthalten zum Beispiel Stoffe, die vor Krebs- und Herz-Kreislauf-Erkrankungen schützen. Das ist zwar keine Garantie, aber besser als nichts. Auch gegen die Alzheimerkrankheit sollen Äpfel helfen.

Außerdem machen sie satt, aber nicht dick. Ein mittelgroßer Apfel hat nur 80 Kilokalorien (kurz: kcal), enthält kein Fett und ist dadurch ein viel besserer Hausaufgabensnack als eine Tafel Schokolade (gut 500 kcal und 30 Gramm Fett).

Viel diskutiert wird darüber, ob man Äpfel schälen oder waschen soll. Dabei geht es um verschiedene Dinge. Die meisten Vitamine sitzen im Fruchtfleisch, andere wichtige Gesundheitsstoffe aber in und direkt unter der Schale. Deswegen sollte man Äpfel nicht schälen. Schadstoffe und Dreck will aber auch keiner mitessen. Deshalb sollte man den Apfel sauber machen, bevor man ihn isst. Das geht am besten, indem man den Apfel nicht abwäscht,

sondern abreibt – zum Beispiel an der frischgewaschenen Jeans, die man heute Morgen aus dem Schrank gezogen hat! Wer sich etwas ganz besonders Gutes tun will, greift zu Bio-Äpfeln, die sind nämlich nicht mit Insektenvernichtungsmittel besprüht worden, das sich im schlimmsten Fall nicht nur auf, sondern sogar unterhalb der Schale im Apfel ablagern kann.

Wichtiger als die Frage, ob man nun einen Apfel pro Tag isst oder nicht, ist im Übrigen die Apfelsorte. Gerade die knallgrünen Granny Smith, die keinen guten Ruf haben, bringen sehr viele Nährstoffe mit! Ein Apfel pro Tag allerdings reicht sowieso nicht, um gesund zu bleiben. Ernährungsexperten empfehlen fünf Portionen Obst und Gemüse. Jeweils etwa so viel, wie in die gewölbten, nebeneinandergelegten Hände hineinpasst.

LUXEMBURG: Deen als Kand Vullenester stielt, gëtt am Alter vun de Kueben gefriss. (Wer als Kind Vogelnester stiehlt, der wird im Alter von den Krähen gefressen.)

Stimmt nicht.
Jedenfalls nicht wortwörtlich.

In Deutschland heißt eine ähnliche Redewendung: «Was du nicht willst, dass man dir tu, das füg auch keinem andern zu.» Sie ist schon eher wörtlich zu nehmen, denn wenn man jemandem den Schokoladenosterhasen wegisst, wird der sich zu Weihnachten wahrscheinlich auch nicht lumpen lassen und das Gleiche mit dem eigenen Schokonikolaus machen.

Bei dem Vogelnester-Sprichwort geht es auch um Gerechtigkeit. Aber natürlich leben die Vögel, denen ein Kind Nester stiehlt, so später gar nicht mehr. Und außerdem fressen Krähen zwar alles Mögliche – von Samen und Früchten bis zu Mäusen, Eichhörnchen und sogar schon toten, leicht angefaulten Tieren. Aber Menschen sind ihnen dann doch eine Nummer zu groß. In dem berühmten Krimi «Die Vögel» von Alfred Hitchcock greifen zwar Möwen und Krähen Menschen an, töten sie und hacken ihnen die Augen aus. In Wirklichkeit schaffen sie das aber nicht – und trauen sich das auch gar nicht.

Gemein ist es aber trotzdem, Vogelnester zu stehlen. Wer sie anschauen und sammeln möchte, sollte warten, bis die Jungen geschlüpft sind und das Nest verlassen haben.

Das ist dann auch gleich eine gute Übung dafür, sich an den übertragenen Sinn der Regel zu halten: Wer fies ist, der kriegt das irgendwann zurück. Wer nett ist, muss sich keine Sorgen machen. Man nennt so etwas «ausgleichende Gerechtigkeit». Weil das Schicksal sozusagen für Gerechtigkeit sorgt, indem Wohlverhalten irgendwann belohnt wird und Fiesheit bestraft. Ob es eine solche Kraft wirklich gibt oder wir das nur gern hätten (und es uns deshalb manchmal einbilden), ist ungeklärt.

Aber sicher ist sicher ... Falls jemand weiß, wo ich günstig einen Sack Krähenfutter herbekomme – bitte melden.

TSCHECHISCHE REPUBLIK: Ranní ptáče dál doskáče. (Der Morgenvogel springt weiter.)
COSTA RICA: El que madruga, come pechuga. (Wer früh aufsteht, der isst Brustfleisch.)

Stimmt nicht.

Dahinter steckt die Ansicht, wer früh aufsteht und mit der Arbeit beginnt, würde mehr schaffen. «Der frühe Vogel fängt den Wurm», sagt man in Deutschland. An dem Sprichwort ist sogar etwas dran, denn wenn ein zweiter Vogel so gegen halb zehn gemütlich hinterherhopst, hat der Morgenvogel ja schon alle Würmer weggefressen.

Weiter aber springt der Morgenvogel natürlich nicht, denn er ist ja früher müde als der Langschläfervogel. Und das gute Brustfleisch als Belohnung gibt es in einer gerechten Welt auch für alle, die gute Leistungen bringen. Und nicht nur für die Frühaufsteher.

Wissenschaftler haben schon lange nachgewiesen, dass es Morgenmenschen und Abendmenschen gibt. Man nennt sie auch «Lerchen» (das sind die Vögel, die immer so früh morgens rumtrillern) und «Eulen» (die nachts durch den dunklen Wald huschen). Zu welchem Typ man zählt, ist angeboren. Das hat man lange nur vermutet, heute kann man es mit einem genetischen Hauttest beweisen. Allerdings ändert sich der Aufstehtyp meist im Laufe des Lebens: Kindergartenkinder sind vermehrt Frühaufsteher, ebenso Rentner. Jugendlichen hingegen fällt es häufig besonders schwer, sich aus dem Bett zu wälzen, sie fühlen sich matschig und unmotiviert, können sich schlecht konzentrieren. Denn eigentlich soll der Körper etwa zwei Stunden vor dem Aufwachen so langsam «hochfahren».

miau

Tut er das nicht, wacht man zwar auf, wenn der Wecker klingelt, der Körper schläft aber eigentlich noch. Fachleute sind deshalb dafür, die Schule später anfangen zu lassen.

Erforscht haben das alles «Chronobiologen» (wieder mal was Griechisches: «Chronos» war der Gott der Zeit). Sie ermittelten auch, dass Frühaufsteher einem 24-Stunden-Rhythmus folgen, wenn sie leben dürfen, wie sie wollen. Langschläfer hingegen pendeln sich bei einem 26-Stunden-Tag ein. Ihre innere Uhr geht also im Grunde etwas langsamer. Solchen Typen bleibt kaum etwas anderes übrig, als zu versuchen, den angesammelten Schlafmangel jedes Wochenende auszugleichen.

Leider muss man trotz aller Forschung manchmal gegen die «innere Uhr» leben, zum Beispiel, weil die Schule schon am Vormittag anfängt oder man Spätdienst hat. Dann hilft nur: Langschläfer sollten sich Zeit zum Aufstehen nehmen (auch wenn das heißt, noch früher aufzustehen). Und Morgenmenschen brauchen abends helles Licht, um wach zu bleiben.

Besonders anstrengend ist es, mal früh und mal spät aufstehen zu müssen, zum Beispiel im Schichtdienst. Dann fühlt man sich nach ein paar Wochen, als hätte man zwei Tage lang Silvester gefeiert. Aber dummerweise, ohne sich an die tolle Party erinnern zu können.

Eine Lösung dafür haben die Forscher noch nicht gefunden. Aber sicher widerlegt ist, dass Langschläfer einfach nur faul sind und Morgenmenschen mehr schaffen.

89 JAMAIKA: Hard a hearing Pickney dead a sun hot. (Kinder, die nicht hören, sterben in der Sonnenglut.)

Stimmt nicht.

In allen Ländern und Zivilisationskreisen gibt es Regeln, die junge Menschen dazu anhalten sollen, brav den Anweisungen der Eltern beziehungsweise der Erwachsenen zu folgen. Aber immer brav sein, das kann keiner! Und wer nur macht, was er soll, erlebt auch nie etwas Neues und Spannendes. Vor der Erfindung des Feuers haben die Menschen Fleisch eben roh gegessen. Vor der Erfindung des Rades sind sie zu Fuß gegangen und durften nicht mehr mitnehmen, als sie tragen konnten. Vor der Erfindung des Internets musste man der Patentante mühsam Dankeskarten schreiben für die lieblos ausgesuchten Socken – heute kann man schnell eine Dankes-E-Mail verschicken.

Keine Idee und auch keine Erfindung ist je dadurch entstanden, dass alle immer das gemacht haben, was ihre Eltern (oder Vorgesetzten oder Lehrer) ihnen gesagt haben.

Andererseits: Nicht jeder Widerstand ist sinnvoll. Wer trotz gutgemeinter Ratschläge im Strandurlaub nicht genug trinkt, kriegt Kopfweh und geht abends am Büfett mit einem Kreislaufkollaps in die Knie. Wer jeden gutgemeinten Rat doof findet, muss alle Erfahrungen selbst machen – das kostet Zeit und Nerven und oft auch die Gesundheit.

Deswegen strebt man meist nach einem Mittelweg. Regeln dürfen ruhig in Frage gestellt werden. Aber nicht aus Prinzip, sondern mit guten Argumenten. Denn umgekehrt gilt natürlich auch: Wer einsieht, was er tun soll, sträubt sich nicht mehr dagegen. Und der Sinn der Sache ist ja nicht blinder Gehorsam, sondern die Weitergabe nützlicher Infos. Von mir könnte man zum Beispiel lernen, dass ein Streichelzoo mit Skorpionen eine ganz schlechte Geschäftsidee ist. Aber was tut man nicht alles, wenn man jung ist und viel Zeit hat.

«Wer nicht hören will, muss fühlen», ist die ebenso schadenfrohe wie deutsche Version dieser Regel – denn wer nicht gehorcht und deshalb in der Sonnenglut verendet, ist natürlich ganz schön arm dran.

90 MAKEDONIEN: Дај му на будалиот стап да ти ја скрши главата. (Gib dem Verrückten einen Stock in die Hand, dann schlägt er dich auf den Schädel.)

Stimmt nicht.

«Diese ‹Regel› ist böse diskriminierend, falsch und getragen vom Geist des Wegsperrens, der vom Mittelalter bis in die fünfziger Jahre des letzten Jahrhunderts den Umgang mit psychisch kranken Menschen bestimmte», erklärt Birgit Görres, die Geschäftsführerin des Dachverbandes Gemeindepsychiatrie. «Da sind die kölschen Sprüche wie ‹Jeder Jeck is anders› näher an wissenschaftlich fundierten aktuellen Einschätzungen, welche Haltung psychisch Kranken entgegengebracht werden sollte. Ebenso Jürgen Beckers Formulierung: ‹Nicht die Verrückten sind das Problem – das Problem sind die Normalen!›»

Ganz allgemein soll die Regel besagen: Vorsicht, wenn einer sich unberechenbar verhält. Und das ist ja auch nicht dumm. Man beschmeißt den Kampfhund des Nachbarn ja auch nicht mit Kieselsteinen. Wer weiß, wann das Tierchen doch mal über den Zaun hechtet.

Wissenschaftlich betrachtet gibt es zwei unterschiedliche Sichtweisen der Verrücktheit. Manche Ärzte sind der Meinung, ein chemisches Ungleichgewicht im Gehirn sei die Hauptursache. Dagegen kann man Tabletten verschreiben und die Patienten zumindest einigermaßen ruhigstellen. Dennoch müssen viele solcher Menschen in betreuten Wohnanstalten leben, weil sie allein nicht klarkommen.

Die zweite Sichtweise geht davon aus, dass «jede Verrücktheit ein missglückter, aber für den Betreffenden sinnvoller Lösungsversuch eines schweren Problems ist»,

so Görres. «Es spielen bei der Entwicklung einer psychischen Erkrankung, die meist sehr lange dauert, aber soziale Faktoren wie zum Beispiel Armut, Arbeitslosigkeit und biologische Faktoren sicherlich auch eine Rolle.»

Deshalb rät sie: «Aus unserer Sicht ergibt es sich, dass mit sogenannten Ver-Rückten möglichst klar und freundlich geredet werden sollte – mit Ich-Botschaften, die die Beschreibung des Andersseins und der Irritation beinhalten sollten. Fremdheit benennen und eigene Grenzen aufzeigen ist nicht einfach, aber im Kontakt mit psychisch erkrankten Menschen angezeigt.»

Das erfordert große Umsicht und Aufmerksamkeit. Bringt aber weit mehr, als das Gegenüber für komplett durchgeknallt zu halten und zu meiden.

Wer allerdings in freier Wildbahn – also zum Beispiel auf der Straße oder in der Bahn – Leuten begegnet, die sich höchst eigenartig verhalten, sollte um die am besten einen größeren Bogen machen. Es ist ganz einfach sicherer so. Man kann ja nie wissen, wie jemand reagiert. Auf keinen Fall sollte man in einer solchen Situation den anderen ärgern, reizen oder verhöhnen. Nicht nur aus Furcht vor einer aggressiven Reaktion. Sondern vor allem aus Respekt vor einem Mitmenschen.

SPANIEN: A las diez en la cama estés. (Um zehn Uhr abends solltest du im Bett sein.)

Stimmt nicht.

Die Regel zeigt, wie es in Spanien zugeht. In Spanien beginnt der Schulunterricht in den meisten Schulen erst zwischen halb neun und neun Uhr. Die Spanier sind allgemein nicht unbedingt als Frühaufsteher bekannt und haben dies daher auch auf ihr Schulsystem übertragen. Mittags hält man gern eine «Siesta» (ein kurzes Schläfchen), dafür gibt es aber oft noch zwei Stunden Nachmittagsunterricht. Es wird spät zu Abend gegessen und eben auch erst spät zu Bett gegangen. Zudem ist Spanien das feierlustigste Land Europas: Im Durchschnitt steigt alle zwanzig Minuten irgendwo ein Volksfest!

In Deutschland wäre dieses lange Aufbleiben kaum durchzuhalten. Wer es wirklich wissen will, kann mit den Eltern ja eine Probewoche ausmachen (aber am besten eine, in der keine Arbeiten geschrieben werden). Hierzulande wird meist empfohlen, dass Kinder etwa gegen 20 Uhr im Bett sein sollten – zwei Stunden früher als in Spanien, aber dafür geht's morgens eben auch eine Stunde früher los, und mittags legt sich auch keiner hin, den ich kenne. Ab ungefähr zehn Jahren wird die Regel dann gelockert, vor allem freitags und samstags abends. Experten empfehlen eine Gesamtschlafzeit von etwa zehn bis zwölf Stunden, allerdings soll man langweilige Schulstunden da nicht mitrechnen. Wer also beispielsweise um sieben aufsteht, müsste spätestens um 21 Uhr das Licht ausmachen.

Ich durfte ab 16 so lange aufbleiben, wie ich wollte,

solange ich in der Schule relativ unauffällig blieb, was schlechte Noten und fehlende Hausaufgaben anging.

Im Urlaub hingegen galt und gilt durchaus die spanische Regel: So gegen zehn, vielleicht auch ein wenig später, kann man mal langsam ins Bett gehen. Und dann am nächsten Morgen auch bis zehn – oder länger – im Bett bleiben.

CHINA: 不入虎穴，焉得虎子
(Kann man ein Tigerjunges fangen, ohne sich in die Höhle des Tigers zu wagen?)

Stimmt.

Das deutsche Gegenstück heißt: «Wer nicht wagt, der nicht gewinnt.» Zwar muss man nicht immer alles auf eine Karte setzen und mit vollem Risiko loslegen. Aber wer bloß immer nur daheim vor dem Computer oder Fernseher hockt und nie riskiert, mal nass geregnet oder doof gefunden zu werden, der erlebt auch nichts.

Nikolaus B. Enkelmann, Erfolgs-Trainer und Buchautor, betont: «Ein Mensch sollte den Mut haben, sich so große Ziele zu setzen, dass er sie eigentlich nicht erreichen kann. Denn dann ist er sein Leben lang auf dem Weg nach oben.» Er ist auch der Meinung: «Sie können alles erreichen, wenn Sie den Mut haben, sich den Erfolg zu wünschen, und Ihr Bestes geben.» Dabei helfen seiner Meinung nach:

- Mentale Stärke. Man muss sich im richtigen Moment zu 100 Prozent konzentrieren können.
- Begeisterung führt zum Erfolg. Wer von etwas überzeugt ist, wird sich auch mit aller Kraft dafür einsetzen.
- Aus Fehlern lernen. Nicht den Mut verlieren oder den Kopf in den Sand stecken, sondern es beim nächsten Mal besser machen.
- Nicht aufgeben. Nach einem Misserfolg die Anstrengungen verdoppeln!
- Keine Selbstzweifel. Riskanter Tipp, denn Arroganz ist ganz schön unangenehm. (Siehe auch: «Bescheidenheit ist eine Zier, doch weiter kommt man ohne ihr.»)

Womit er aber auf jeden Fall recht hat: «Die Besten

sind nur ein paar Prozent besser als der Durchschnitt.» Man kennt das vom Sport: Der schnellste Läufer ist manchmal nur ein oder zwei Sekunden flinker auf 100 Meter als der aller-aller-langsamste. Das muss doch zu schaffen sein!
- Keine Angst und keine Eitelkeit! Damit sind wir wieder beim Tigerhöhlen-Thema: «Man kann die Angst nicht wegdenken», erklärt Enkelmann, «sondern nur wegtrainieren. Finden Sie Gelegenheit, um Ihren Mut zu beweisen. Übung macht den Meister!» Außerdem rät er, falschen Stolz beiseitezuschieben und sich von anderen helfen zu lassen. Was völlig richtig ist, das wissen auch die Chinesen. Eine weitere Regel aus der Volksrepublik lautet nämlich: 三人行，比有我け币, also: «Unter drei Menschen gibt es bestimmt einen, den ich als Lehrer nehmen kann.»

Auch in der Finanzwelt übrigens werden die größten Gewinne an die mutigsten Investoren ausgezahlt: «Venture Capital» («Wagniskapital») heißt das Geld, mit dem darauf spezialisierte Firmen Neugründungen unterstützen. So starteten einige der weltgrößten Unternehmen, darunter Intel, Microsoft oder Cisco Systems. Über 100 Milliarden Euro werden europaweit schon so vergeben. Die Geldgeber wissen: In zwei bis fünf Jahren (oder vielleicht jetzt schon ...) ist die Kohle entweder einfach weg – oder sie bekommen das Drei- oder Vierfache von dem zurück, was sie investiert haben! Das ist höchst riskant, kann sich aber durchaus lohnen.

Nun könnte man denken, was im Geschäftsleben und bei Geldgeschäften sinnvoll ist, bringt im Privatleben bestimmt nichts. Tatsächlich aber stellten Wissenschaftler fest: Wer mit seinem Leben zufrieden ist, geht auch gerne Risiken ein.

Unklar ist nur: Sind diese Menschen glücklicher, weil

sie mehr wagen? Oder geben sie neuen Ideen und Entwicklungen eine Chance, weil sie zufriedener und gelassener sind?

Ich glaube, das ist wie in der Natur. Die Sonne geht jeden Morgen auf, weil sie am Abend zuvor untergegangen ist. Und sie geht am Abend wieder unter, weil sie morgens aufgegangen ist. Was zuerst kam, ist egal.

SRI LANKA: ඇඟිල්ල තරමට ඉදිමෙන්න
(Verhalte dich deinen Wünschen und Ansichten entsprechend.)

Stimmt.

Auch wenn es schwerfällt und man in jungen Jahren noch gar nicht so genau weiß, wer man eigentlich ist und was man gut findet, sollte man sich selbst treu bleiben und nicht ständig versuchen, den Geschmack der anderen zu bedienen.

Der Komponist Irving Berlin schrieb über 1000 Songs, darunter viele, die noch immer gespielt werden: «White Christmas», «There's no Business like Showbusiness», «Cheek to Cheek», «Puttin' on the Ritz», «Let's Face the Music and Dance». Er bot seinem damals noch recht erfolglosen Kollegen George Gershwin einen Job an – und riet ihm gleichzeitig, den abzulehnen, denn «sonst werden Sie möglicherweise ein zweitklassiger Irving Berlin. Aber wenn Sie sich treu bleiben, werden Sie eines Tages ein erstklassiger George Gershwin sein.» Gershwin folgte seinem Rat und schrieb Hits wie «Summertime», «It Ain't Necessarily So», «Rhapsody in Blue», «Ein Amerikaner in Paris».

Wer nur einige Zeit die Charts beobachtet, wird dasselbe feststellen: Die Leute, die immer wieder Hits landen, haben etwas ganz Besonderes – und es ist nicht immer unbedingt Talent und gutes Aussehen. Es ist vielmehr eine bestimmte Art, zu singen, zu tanzen, zu texten oder zu komponieren. Sie sind nicht genauso wie andere oder besser als andere – sie sind anders als andere!

«Sei das Beste!», forderte der Dichter Douglas Malloch:

*Wenn du nicht Kiefer sein kannst auf dem Hügel,
Sei ein Busch im Tal – aber sei
Der schönste kleine Busch am Ufer des Bachs.*

*Sei ein Busch, wenn du kein Baum sein kannst.
Wenn du kein Busch sein kannst, sei ein Büschel
Gras und steh heiter am Straßenrand.
Wenn du kein Hecht sein kannst, sei einfach ein
Barsch, aber der munterste Barsch im See.*

*Wir sind nicht alle Kapitäne, auch Mannschaft muss
sein,
Für alle von uns ist Platz.
Große Arbeit ist zu tun und kleine,
Doch die Aufgabe, die wartet, ist die nächste.*

*Wenn du keine Straße sein kannst, sei nur ein Pfad.
Wenn du die Sonne nicht sein kannst, so sei ein Stern.
Es ist nicht die Größe, nach der du siegst oder fällst.
Sei das Beste, was immer du bist.*

Diesem Gedicht liegt die Annahme zugrunde, dass jeder Mensch so eine Art «Bestimmung» oder Aufgabe habe. Sicher weiß man das nicht. Klar ist aber mittlerweile: Wenn man sich nicht verbiegt, hat man mehr Freude am Leben und ist glücklicher. Das muss nicht bedeuten, stur den eigenen Willen durchzusetzen. Aber ein wenig darauf zu achten, welche Vorlieben und Fähigkeiten man hat, und diese dann zum Einsatz zu bringen, lohnt sich.

Das Sprichwort aus Sri Lanka (einer vor Indien gelegenen Insel, die bis 1972 Ceylon hieß) bedeutet aber mehr als das. Es will nicht nur sagen: Bleib dir selbst treu. Sondern auch: Bleib deinen Werten treu. Nur weil irgendwer irgendwas doof findet, muss man noch lange nicht in den Hohn und Spott einstimmen.

Man soll so handeln, dass man stolz sein kann auf sich. Dass man sich nicht schämen muss, wenn man in den Spiegel schaut. Man soll das tun, wovon man in seinem Innersten ohnehin weiß, dass es das Richtige ist.

94

SCHWEDEN: Om du inte tar på dig mössan, så kommer du att tappa håret, när du blir stor! (Falls du dir nicht die Mütze anziehst, wirst du deine Haare verlieren, wenn du älter bist!)

Stimmt nicht.

Kälte führt nicht zu Haarausfall, weder sofort noch später. Einzige Ausnahme: Wenn es zu stärkeren Erfrierungen kommt, dann wachsen auf der vernarbten Stelle auch keine neuen Haare mehr.

Ansonsten aber gibt es in dieser Hinsicht nichts zu befürchten – abgesehen vom «saisonalen Haarausfall» im Herbst. Denn jeder verliert pro Tag etwa 60 bis 100 Haare, zum Ende des Sommers werden es jedoch deutlich mehr. Experten vermuten, dass die Sonne daran schuld ist. Und zwar nicht etwa die Wärme oder die Helligkeit, sondern die reine Sonnenscheindauer. Sie lässt vermutlich Haare verstärkt aus der «Anagenphase» in das «Telogenstadium» übertreten. Und was heißt das auf Deutsch? Die Wachstumszeit von Haaren bezeichnet man als «Anagenphase», sie dauert zwei bis fünf Jahre. Es folgt eine Ruhezeit, das «Telogenstadium», von ungefähr drei Monaten. Die Haare wachsen nicht mehr, fallen aber auch noch nicht aus. Die Haarwurzel rückt in dieser Zeit etwas höher und damit näher an die Hautoberfläche. Von unten drückt nach einer Weile schon das nächste Haar. Am Ende fällt das Haar aus, wenn man sich kämmt, die Haare shampooniert oder auch nur über das Haupt streicht.

Die Sommersonne nun scheint besonders viele Haare in die Ruhephase eintreten zu lassen – und deshalb fallen dann ein paar Monate später besonders viele aus. Das ist

aber kein Grund zur Sorge, sie wachsen alle nach. Es sind auch nicht so viele, dass man dadurch kahl würde, sondern man sieht es höchstens in der Bürste.

Haarausfall, das weiß man inzwischen sicher, ist erblich bedingt und kommt bei Männern deutlich häufiger vor als bei Frauen. Manche Menschen werden schon mit Anfang 30 halb kahl – dagegen kann man nicht viel machen, ganz egal, wie teuer die Edel-Haarkur ist.

Was hilft? Eine lässige Kurzhaarfrisur. Oder eine haarige Wollmütze. Dann könnte der Spruch für dieses Kapitel mit einer kleinen Satzumstellung auch schon fast richtig sein: Falls du deine Haare verlierst, wenn du älter bist, wirst du eine Mütze tragen.

RUSSLAND: не считай галок. (In der Schulstunde soll man keine Dohlen zählen.)

Stimmt.

Soll man nicht. Außer in Mathe.

Macht man aber trotzdem. Weil Schule oft ganz schön langweilig sein kann. Und Dohlen zählen ist immer noch besser, als rumzukippeln, bis man rückwärts hinknallt und sich den Schädel blutig schlägt. (Wäre mir natürlich nie selbst passiert. Habe ich aber erlebt.) Das stört den Unterricht viel mehr.

Außerdem sind Dohlen durchaus interessante Tiere. Sie sind die kleinsten Vertreter der Gattung «Corvus», das sind Raben und Krähen. Ihre Iris ist weiß bis silbergrau, weswegen man immer den Eindruck hat, sie gucken böse. Das tun sie aber gar nicht, im Gegenteil: Dohlen sind sehr gesellige Vögel, die in größeren Gruppen umherziehen. Oft sieht man sie über Rasenflächen hopsen und Insekten oder Samen aufpicken. Paare innerhalb eines Schwarms bleiben sich ein Leben lang treu – ganz schön romantisch, oder?

Dohlen stoßen etwas schrille, metallisch klingende «Kra»-Laute aus. Sie sind überraschend lernfähig: Manche von ihnen können inzwischen das Klingeln von Mobiltelefonen nachahmen, das ihrem natürlichen Tonspektrum sehr nah kommt. Wenn ein kleiner schwarzer Vogel also rumhopst und klingelt, dann weiß man, dass er zu lange in der Innenstadt unterwegs war.

Und schwups! haben wir etwas fürs Leben gelernt. Oder für die Schule?

Wie war das noch gleich. «Nicht für die Schule, für das

Leben lernen wir», habe ich oft gesagt bekommen. Das allerdings ist nicht ganz richtig, denn das Originalzitat des römischen Philosophen Seneca (der vor gut 2000 Jahren lebte) lautet: «Non vitae sed scolae discimus» – das genaue Gegenteil also. Nicht («non») für das Leben («vitae»), sondern («sed») für die Schule («scolae») lernen wir («discimus»). Tja, da scheint sich bei allen Reformbemühungen wenig geändert zu haben.

Immerhin: Ein bisschen was über Dohlen haben wir gelernt. Das kann man sicher irgendwann mal gebrauchen – in der Schule oder im Leben.

UKRAINE: Когда я ем я глух и нем. (Wenn ich esse, bin ich taub und stumm.)

Stimmt.

Aber nicht überall auf der Welt.

Die Regel besagt, dass man leise essen und nicht dazwischenreden soll. «Taub und stumm» ist sehr hart formuliert. Manche dieser Sprüche stammen eben noch aus einer Zeit, in der junge Menschen (wortwörtlich) gar nichts zu sagen hatten. Heute sieht man das anders.

Trotzdem ist es aber in Europa üblich, beim Essen nicht zu schmatzen und meist auch nur höflich zu plaudern und nicht wild zu diskutieren oder gar mit vollem Mund zu streiten, dass die Bröckchen nur so fliegen. Vor allem aber soll man die anderen immer ausreden lassen.

Das wird auch anderswo so gemacht. Geräuschlos zu speisen hingegen ist keineswegs der Standard – in asiatischen Ländern wie China, Japan oder Korea ist Schmatzen ein Zeichen dafür, dass es einem schmeckt. (Außerdem ist es absolut unmöglich, mit Stäbchen lautlos eine Suppe zu schlürfen. Ich hab's probiert. Und heiße japanische Suppe wird durch das Schlürfen auch direkt gekühlt, sodass man sich den Mund nicht allzu schlimm verbrüht.) Westliche Geschäftsleute üben in teuren Managementkursen, Muttis Anstandsregeln alle über Bord zu werfen, um ihre Geschäftsfreunde nicht zu verärgern.

Das könnten sie auch billiger haben. Bei uns zu Hause zum Beispiel …

97 JAPAN: 閻魔様に舌を抜かれるから、嘘をついてはいけない。 Emma-sama ni shita wo nukareru kara, uso wo tsuite wa ikenai. (Du sollst nicht lügen, weil dir sonst vom Herrn der Hölle – genannt «Emma» – die Zunge herausgezogen wird.)

Stimmt nicht.

Puh, da bin ich aber erleichtert!

Außerdem finde ich es toll, dass der Teufel in Japan Emma heißt. Meine Schwester hat einen kleinen Mischlingshund mit genau diesem Namen. Wenn ich mir vorstelle, dass Emma der Fürst der Finsternis ist, dann ist es um das Böse in der Welt echt schlecht bestellt.

«Du sollst nicht lügen!», heißt die strenge deutsche Regel, die angeblich aus der Bibel stammt. Doch dort steht nur das Gebot: «Du sollst nicht falsch gegen deinen Nächsten aussagen.» Damit würde man ja jemand anders schaden. Lügen hingegen kann man ja auch in allerhand anderen Zusammenhängen. Und das darf man also laut Bibel sehr wohl. Der japanische Höllenherr «Emma» sollte also besser mal genau nachlesen. (Nicht, dass die Bibel in Japan maßgeblich wäre – Christen sind dort in der Unterzahl. Ein Großteil der Japaner hängt dem Shintoismus und dem Buddhismus an.)

Lügen sind auch für die charakterliche Entwicklung wichtig. Denn wer die eigenen Eltern anschwindelt, stellt fest: Hey, die sind ja gar nicht allwissend. Das bedeutet, jeder Mensch hat ein eigenes Sein und eine Privatsphäre. Man muss nicht wie Glas durchschaubar sein. Das wäre zwar praktisch für Eltern, lässt sich aber nicht erzwingen.

Sogar Bewerbungs-Experten raten zur Unehrlichkeit. Verena S. Rottmann, Anwältin für Arbeitsrecht, empfiehlt: «Wenn Sie Schwachpunkte haben, wegen deren der Arbeitgeber Sie von vornherein ausschließen würde, können Sie schon ein bisschen beschönigen.» Lücken im Lebenslauf ließen sich zum Beispiel füllen, indem man eine freiberufliche Tätigkeit erfindet, die schlecht zu überprüfen ist. Und wer längere Zeit ins Ausland geht, soll einen Sprach-Crash-Kurs von ein paar Wochen belegen, schon war es eine Bildungsreise.

Ganz wichtig: «Alle Mogeleien müssen wasserdicht sein, sonst schießt man ein Eigentor.»

Warum soll man trotzdem im Regelfall bei der Wahrheit bleiben? Weil einem sonst keiner mehr glaubt und dadurch das Vertrauen zerbricht. Vertrauen ist der Kitt, der Beziehungen zusammenhält. Wenn die beste Freundin zickig ist oder man die Eltern viel zu streng findet, warum gibt man sich dann noch weiter mit diesen Leuten ab? Weil es eine vertrauensvolle Basis gibt. Weil man hofft, weiter miteinander zu tun zu haben. Weil man weiß, der oder die andere meint es eigentlich gut mit einem.

Und was ist mit dem japanischen Herrn der Hölle, der einem die Zunge rausreißen will? Tja – persönlich habe ich noch keinen getroffen, dem das passiert ist und der davon hätte erzählen können.

98

MEXIKO: El que come y canta loco se levanta. (Wer isst und gleichzeitig singt, steht verrückt auf.)

Stimmt.

Kann man leicht selbst ausprobieren. Mund voll mit Fischstäbchen und Kartoffelbrei schaufeln (mein Lieblingsgericht), leicht ankauen und dann überraschend schmettern: «Von den blauen Bergen kommen wir ...!»

Jetzt muss man nur noch gucken, wie die anderen am Tisch einen ansehen: als wäre man total verrückt geworden.

Gemeint ist mit dieser Regel aber noch mehr, nämlich: Mit vollem Mund spricht man nicht. Auch das hat einen Sinn. Es macht zwar Spaß, *ischt ab'r fumpf duff andru gansu schwär vastahn!*

RÖMISCHES REICH: Festina lente. (Eile mit Weile.)

Stimmt.

Wörtlich übersetzt heißt der lateinische Spruch «Eile langsam» – geht aber wegen des fehlenden Reimes nicht so schön ins Ohr wie «Eile mit Weile».

Was sich anhört wie eine Elternregel aus dem Standardrepertoire, ist eigentlich ein Sprichwort gewordenes Zitat des römischen Kaisers Augustus. Vollständig lautet es: «Eile langsam! Ein vorsichtiger ist besser als ein waghalsiger Heerführer.»

Es gab bei uns zu Hause zwei Gelegenheiten für diesen Spruch. Im Hochsommer, wenn ich mit meinen Freunden draußen bis zur totalen Erschöpfung Fußball spielte, rannte ich regelmäßig in die Küche, um mir schnell-schnell eine Flasche Sprudelwasser zu holen, ohne Zeit zu verlieren. Dann hörte ich immer: «Eile mit Weile! Du willst doch nicht hinfallen und dir mit der zerspringenden Flasche das ganze Gesicht zerschneiden. Wer macht denn dann die Sauerei wieder weg?» (Gut, die letzten beiden Sätze hat nie jemand bei uns in der Familie gesagt. Aber sie schwangen immer mit. Das konnte ich spüren.) Natürlich bin ich nie mit der Flasche hingefallen. Dass ich diese Regel aber trotzdem einigermaßen nachvollziehen konnte, hat mit der zweiten Situation zu tun, in der sie gesagt wurde: Kindergeburtstag.

Nämlich: Eierlauf beim Kindergeburtstag. Für die, die es nicht kennen – beim Eierlauf rennen die Teilnehmer um die Wette, während jeder ein rohes Ei auf einem Löffel balanciert. Es kommt bei diesem Wettkampf darauf an, ein ausgewogenes Maß zwischen Geschwindigkeit und

Geschicklichkeit zu finden. Wer sich zu sehr auf das Balancieren konzentriert, kommt erst am Ziel an, wenn die anderen schon Kuchen essen. Und wer zu schnell rennt, dem wird unweigerlich das Ei vom Löffel rutschen. Nur wer ruhig genug rennt, hält sein Ei auf dem Löffel und kommt als Erster mit heiler Schale ins Ziel.

Nach einer stattlichen Anzahl von Geburtstagen wird den meisten Menschen klar, dass das Leben selbst ein ziemlich langer Eierlauf ist. (Am Ende gibt man sogar den Löffel ab. Ha, ha.) Und da die meisten von uns nur eine begrenzte Anzahl Eier haben, ist es sinnvoll, ein gutes Gleichgewicht von Eile und Weile zu finden, um gut über die Runden und mit Bedacht ans Ziel zu kommen.

Denn wie sagte schon Wilhelm Busch: «Zu große Hast macht ungeschickt.» Dass er damit recht hatte, wussten schon die alten Römer.

POLEN: Gdyby kózka nie skakała, to by nózki nie złamała. (Wenn das Zicklein nicht gesprungen wäre, hätte es sich nicht das Beinchen gebrochen.)

Stimmt.

Im Polnischen reimt sich der Spruch, sodass er viel freundlicher klingt als die strenge deutsche Besserwisserformel: Ich hab's dir ja gesagt!

Inhaltlich sind die beiden Sätze aber ähnlich. Es geht um die sogenannten «Kausalzusammenhänge». Das heißt: Wenn man A macht, passiert B. Oder andersherum: A ist die Ursache für B.

Wenn man nicht genug lernt, schreibt man eine schlechte Arbeit. Wenn man im Regen rausgeht, wird man nass (und friert dann vielleicht und wird anfälliger für Erkältungen). Wenn man unhöflich zu anderen ist, wollen die nichts mit einem zu tun haben.

Viele Sprichwörter und Redewendungen handeln von solchen Zusammenhängen: Wie man in den Wald hineinruft, so schallt es heraus. Der frühe Vogel fängt den Wurm. Wer nicht wagt, der nicht gewinnt.

Meist hat man vorher noch eine Ermahnung mit auf den Weg bekommen: Zieh dich warm an. Im Schwimmbad nicht rennen. Keine Erbsen in die Nase stecken.

Und dann hinterher eben: «Wenn das Zicklein nicht gesprungen wäre, hätte es sich nicht das Beinchen gebrochen.»

Manchmal ist das so. Hätte man nicht dies getan, wäre nicht das geschehen. Hätten wir bei den anderen Regeln nicht so viel geschrieben, wäre das Buch hier noch nicht zu Ende.

Immer danke sagen. 101

Stimmt.

Und deshalb: Danke, Mutter! Wo wäre ich ohne dich? Nicht nur beantwortest du alle E-Mails sorgfältig und schnell, es gibt auch keinen Menschen auf der Welt, der erzieherisch einen größeren Einfluss auf mich gehabt hätte.

Ein großes Dankeschön hat auch Familie Caspers verdient, die zur Vorbereitung dieses Buches alle Regeln an sich selbst ausprobieren lassen musste. (Ja, da ist eine Runde Mitleid angebracht!)

Danke auch den vielen freundlichen Menschen, die nach dem letzten Buch geschrieben und von ihren liebsten Regeln berichtet haben. Das war sehr inspirierend.

Und mein Kollege Daniel Westland grüßt seine Familie und alle seine Freunde!

Vince Ebert
Denken Sie selbst!
Sonst tun es andere für Sie
Vince Ebert, der lustigste Physiker Deutschlands, klärt schonungslos auf. «Denken Sie selbst!» ist ein humorvolles Plädoyer für den eigenen Kopf. Dieses Buch ersetzt endlich nervige Halbbildung durch sympathisches Dreiviertelwissen.
rororo 62386

Humor von klugen Köpfen: Ansteckend lustig

Dr. med. Eckart von Hirschhausen
Glück kommt selten allein ...
Jeder ist seines Glückes Schmied. Und so sieht es auch aus: reichlich behämmert. Beim Zimmern unseres Glücks hauen wir uns oft genug mit dem Hammer auf den Daumen. Wenn aber Dr. Eckart von Hirschhausen humorvoll über das Glück schreibt, lässt der Schmerz nach.
978-3-498-02997-5

Die Leber wächst mit ihren Aufgaben
Arzt, Kabarettist und Bestsellerautor Dr. Eckart von Hirschhausen kennt sich aus im Leben. Mit diagnostischem Blick entdeckt er das Komische in Medizin und Alltag und kommt zu erstaunlichen Ergebnissen ...
rororo 62355

Weitere Informationen in der Rowohlt Revue *oder unter* www.rororo.de

**Dietrich Grönemeyer
Der kleine Medicus**
Der Bestseller erzählt die Geschichte des kleinen Nanolino, der eine abenteuerliche Reise in die phantastische Welt des menschlichen Körpers unternimmt. Kompaktes Wissen, spannend aufbereitet – eine faszinierende Lektüre für Jung und Alt.
rororo 62074

Das größte Abenteuer steckt in jedem von uns

Die neuen Abenteuer des kleinen Medicus
Nanolino und seine Freunde sind inzwischen etwas älter geworden. Gemeinsam lernen sie viel Interessantes über Verletzungen und Volkskrankheiten, aber auch über Funktionsweisen von Zellen, Gehirn und Organen. Und wir erleben, wie Nanolino sich zum ersten Mal verliebt.
978-3-498-02502-1

Das Körper-ABC des kleinen Medicus
Der Wissensschatz des kleinen Medicus: die Anatomie des Menschen – von der Arterie bis zur Zelle. Experimente und Spiele für große und kleine Leser zur Selbsterfahrung. Lernen macht Spaß – dank Dietrich Grönemeyer und seinem Nanolino!
rororo 62291

Weitere Informationen in der Rowohlt Revue *oder unter* www.rororo.de

Achtung: Humor!

Bruno Ziauddin
Grüezi Gummihälse
Warum uns die Deutschen manchmal auf die Nerven gehen
rororo 62403

Sebastian Schnoy
Smørrebrød in Napoli
Ein vergnüglicher Streifzug durch Europa. rororo 62449

Helmut Schümann
Der Pubertist
Überlebenshandbuch für Eltern

«Der Pubertist» ist alles gleichzeitig: Pubertätsratgeber, aber vor allem Unterhaltung und Spaß. Und Balsam auf die gequälte Seele von Eltern Pubertierender. rororo 62011

Hans Scheibner
Bevor ich abkratz, lach ich mich tot
Abgründe des Alltags. rororo 62474
«Treffsicher wie Uwe Seeler in Bestform!» *Die Welt*

Dietmar Bittrich
Achtung, Gutmenschen!
Warum sie uns nerven. Womit sie uns quälen. Wie wir sie loswerden

Sie leiden persönlich unter globaler Erwärmung. Sie sagen Schokokuss statt Negerkuss. Sie haben Verständnis für Terroristen. Sie glauben, die Welt wäre schlechter dran ohne sie …

rororo 62264

Weitere Informationen in der Rowohlt Revue *oder unter* www.rororo.de

rororo sachbuch

**Wie viel Erziehung braucht der Mensch?
Von Notständen und neuen Wegen**

B. Esser/C. Wilde
Montesori-Schulen
*Grundlagen, Erziehungspraxis,
Elternfragen.*
rororo 62209

P. Gerster/C. Nürnberger
Der Erziehungsnotstand
*Wie wir die Zukunft unserer
Kinder retten.*
rororo 61480

**Joachim Braun
Jungen in der Pubertät**
Wie Söhne erwachsen werden
rororo 61407

**Bettina Mähler/Martin Schmela
Alptraum ADS**
Wie Eltern sich helfen können
rororo 62165

**D. Schnack/R. Neutzling
Kleine Helden in Not**
*Jungen auf der Suche nach
Männlichkeit.*
rororo 60906

**Jesper Juul
Grenzen, Nähe, Respekt**
Wie Eltern und Kinder sich finden
rororo 62534 / rororo 60751

Dein kompetentes Kind
Auf dem Weg zu einer Wertgrundlage für die ganze Familie.

rororo 62533 / rororo 61485

Weitere Informationen in der Rowohlt Revue oder unter www.rororo.de